Wechselordnung,

Scheckgesetz, Postscheckordnung

und

Wechselstempelgesetz

vom 15. Juli 1909.

Erläutert durch die Rechtsprechung des Reichsgerichts und des vormaligen Reichs-Oberhandelsgerichts

von

Julius Basch,
Justizrat, Rechtsanwalt und Notar in Berlin.

Siebente, verbesserte Auflage.

Berlin 1911.
Verlag von H. W. Müller.
W. 35, Potsdamerstr. 121 k.

Preis: 1,20 Mark.

Wechselordnung,

Scheckgesetz, Postscheckordnung

und

Wechselstempelgesetz

vom 15. Juli 1909.

Erläutert durch die Rechtsprechung des Reichsgerichts und des vormaligen Reichs-Oberhandelsgerichts

von

Julius Basch,
Justizrat, Rechtsanwalt und Notar in Berlin.

Siebente, verbesserte Auflage.

Berlin 1911.
Verlag von H. W. Müller.
W. 35, Potsdamerstr. 121 k.

Inhalt.

Verzeichnis der Abkürzungen.

AG = Ausführungsgesetz.
Art. = Artikel.
Bericht = Bericht der Kommission über die Novelle v. 1908.
BGB = Bürgerliches Gesetzbuch.
BGBl = Bundesgesetzblatt.
EG = Einführungsgesetz.
Entw = Entwurf der Novelle v. 1908.
Erk = Erkenntnis.
G = Gesetz
GVG = Gerichtsverfassungsgesetz.
HGB = Handelsgesetzbuch.
K = Kaufmann, handelsrechtliche Rechtsprechung.
Kl = Kläger.
KO = Konkursordnung.
OHG = Entscheidungen des Reichsoberhandelsgerichts.
RG = Entscheidungen des Reichsgerichts in Zivilsachen.
RGBl = Reichsgesetzblatt.
Vf = Verfügung.
W = Wechsel.
WO = Wechselordnung.
ZBl. f. d. R. = Zentralblatt f. d. Deutsche Reich.
ZPO = Zivilprozeßordnung.

1. Wechselordnung

in der Fassung der Bek. vom 3. Juni 1908. (RGBl 327.)

1. Abschnitt. Von der Wechselfähigkeit.

Art. 1. Wechselfähig ist jeder, welcher sich durch Verträge verpflichten kann.[1–4])

(Art. 2.)[5])

Art. 3. Finden sich auf einem Wechsel Unterschriften von Personen, welche eine Wechselverbindlichkeit überhaupt nicht oder nicht mit vollem Erfolg[6]) eingehen können, so hat dies auf die Verbindlichkeit der übrigen Wechselverpflichteten keinen Einfluß.[7, 8])

---

1) Wer sich durch Verträge verpflichten kann, bestimmt das bürg. Recht.

2) Betreffs der Minderjährigen vgl. §§ 112, 1643, 1822 Nr. 9 BGB. Aus dem Akzept eines Minderjährigen folgt nicht ohne weiteres, daß er sich für volljährig ausgegeben, also dolose gehandelt habe. OHG 4 188. Minderjährigkeit zur Zeit der Ausstellung beeinträchtigt die Gültigkeit des unbatierten Giros nicht. OHG 3 179.

3) Ehefrauen bedürfen der Zustimmung des Mannes nicht, § 1399 BGB.

4) Der als Aussteller, Akzeptant oder Indossant in Anspruch genommene Wschuldner (der seine Wfähigkeit leugnet) muß beweisen, daß er zur Zeit seiner darauf gesetzten Namensschrift nicht wfähig gewesen sei; der Kläger ist berechtigt, diesen Einwand aus Gründen, welche außerhalb des W liegen, zu widerlegen. OHG 2 176.

5) Art. 2 bestimmte über die Haftung des Wschuldners mit seiner Person, diese Haftung war durch das G v. 29. V. 68 mit der Aufhebung des Personalarrestes als Exekutionsmittels ungültig geworden; der übrige Teil des Art. ist durch die Nov. v. 30. V. 08 als selbstverständlich gestrichen worden, so daß ein Art. 2 nicht mehr vorhanden ist; die bisherige Nummernfolge ist jedoch beibehalten worden.

6) Diese auf die Ausschließung des Personalarrestes sich beziehenden Worte sind bedeutungslos geworden (vgl. Anm. 5), die Nov. hat sie jedoch nicht gestrichen.

7) Minderjährigkeit zur Zeit der Ausstellung beeinträchtigt die Gültigkeit des unbatierten Giros nicht. OHG 3 179.

8) Betreffs falscher Unterschriften vgl. Art. 75, 76.

2. Abschnitt. Von gezogenen Wechseln.

I. Erfordernisse eines gezogenen Wechsels.

Art. 4. Die wesentlichen Erfordernisse[9]) eines gezogenen Wechsels sind:

1) die in den Wechsel[10]) selbst aufzunehmende Bezeichnung als Wechsel[11—14]) oder, wenn der Wechsel in einer fremden

---

Wesentliche Erfordernisse:

9) Zu den Requisiten eines W gehört nicht, daß überhaupt ein Schuldverhältnis zugrunde liegt. OHG **3** 354.

1) **Bezeichnung als W:**

10) Das Wort „Wechsel" muß in der Erklärung enthalten sein, das Wort „Wechsel" als Überschrift der Urkunde genügt nicht. (Die Urkunde kann aber ein kaufmännischer Verpflichtungsschein sein, wenn sie den Erfordernissen des § 365 HGB entspricht.) RG **48** 223.

11) Wird eine Zahlung nach Wrecht versprochen, ohne daß das Wort „Wechsel" geschrieben wird, so liegt kein W vor. OHG **2** 147.

12) Die Bezeichnung mandat non acceptable genügt nicht als ein entsprechender Ausdruck der französischen Sprache. OHG **6** 125.

13) Es darf wohl „Wechsel-Brief, -Urkunde, -Verschreibung" lauten, nicht aber „Wechsel-Anweisung", weil dann die technischen Ausdrücke zweier Rechtsgeschäfte zusammengestellt nicht zweifellos machen, was gemeint sei. OHG **18** 207.

14) Ein Wversprechen „laut Vertrag" ist ungültig. OHG **21** 169.

Beispiele:

Ein gezogener W lautet:

I.

> Berlin, den 15. April 1910.
> Am 10. August 1910 zahlen Sie mir gegen diesen Wechsel elfhundert Mark.
> Herrn Otto Schulze in Berlin, Paul Meyer.
> Kanonierstraße 1.

Dieser W enthält alle Erfordernisse (die in den üblichen Formularen stehenden Formeln: Wert erhalten, und stellen ihn auf Rechnung ohne Bericht u. dgl. haben keine wechselrechtliche Bedeutung), er bezeichnet den Aussteller als Remittenten, das erste Giro muß von diesem ausgestellt werden.

II.

> Berlin, den 15. April 1910.
> Am 10. August 1910 zahlen Sie Herrn Ernst Kraft in Berlin gegen diesen Wechsel elfhundert Mark.
> Herrn Otto Schulze in Berlin. Paul Meyer.

Dieser W enthält den Namen eines Remittenten (Kraft), das erste Giro muß von diesem ausgestellt sein. Solche W sind selten; die Ausstellung an eigene Ordre bildet die Regel, die Benennung eines Remittenten die Ausnahme; nach meiner Erfahrung kommt auf etwa 50 (deutsche) W,

Sprache ausgestellt ist, ein jener Bezeichnung entsprechender Ausdruck in der fremden Sprache;

2) die Angabe der zu zahlenden Geldsumme;[15, 16]

3) der Name der Person oder die Firma, an welche oder an deren Order gezahlt werden soll (des Remittenten);[17–20]

4) die Angabe der Zeit, zu welcher gezahlt werden soll;[21–27]

---

welche an eigene Ordre gestellt sind, nur einer, der einen Remittenten benennt.

III. a) Steht bei Otto Schulze in Berlin noch die Bemerkung: zahlbar bei der Deutschen Bank, so ist es ein ZahlstellenW. Art. 43 Abs. 1.

b) Steht bei Otto Schulze in Berlin noch die Bemerkung: zahlbar bei der Deutschen Bank in München (also ein anderer Ort als der Wohnort des Bezogenen), so ist es ein DomizilW. Art. 43 Abs. 1.

c) Lautet die Adresse:
Herrn Otto Schulze in Berlin bei Franz Müller, Kanonierstraße 1, so liegt ein gewöhnlicher W vor.

Der Protest mangels Zahlung muß erhoben werden:
bei a: gegen die Deutsche Bank in Berlin,
„ b: gegen die Deutsche Bank in München,
„ c: gegen den Bezogenen Schulze, dessen Wohnung bei Müller aufzusuchen ist.

Ein W mit Notadresse ist bei Art. 62, ein eigener W bei Art. 96 abgedruckt.

2) Angabe der Geldsumme:

15) Wenn auch im W die Münzbezeichnung fehlt, genügt das Vorhandensein in der Überschrift. OHG **10** 22.

16) WertW (mit dem Zusatz: oder Wert) sind gültig, die Klausel bedeutet: oder so viel Münzen anderer Art, als dem angegebenen Wert entsprechen. OHG **1** 279, ebenso: oder Münze nach Kurs. OHG. **2** 118.

Vgl. Art. 5, 37.

3) Name des Remittenten:

17) Vgl. Art. 6.

18) Wie im allgemeinen für die wesentlichsten Erfordernisse des W, so ist auch für die Person des Remittenten eine klare und bestimmte Angabe zu fordern. Ein W

...... zahlen Sie mir

Artur P.
Walter L.

ist für ungültig erklärt worden. RG. **66** 7.

19) W au porteur sind ungültig. OHG **1** 97.

20) Ein W, aus welchem unzweifelhaft hervorgeht, daß der Bezogene und der Remittent dieselben Personen sind, ist ungültig. RG **19** 93.

4) Zahlungszeit:

21) Wenn durch Irrtum ein unmöglicher Verfalltag geschrieben ist

die Zahlungszeit kann für die gesamte Geldsumme nur eine und dieselbe sein und nur festgesetzt werden

auf einen bestimmten Tag,

auf Sicht (Vorzeigung, a vista rc.) oder auf eine bestimmte Zeit nach Sicht,

auf eine bestimmte Zeit nach dem Tage der Ausstellung (nach dato),

auf eine Messe oder einen Markt (Meß- oder Marktwechsel);

5) die Unterschrift des Ausstellers (Trassanten) mit seinem Namen oder seiner Firma;[28—31])

(ausgestellt am 1. XII. 69, zahlbar am 15. III. desselben Jahres), so ist der W ungültig, OHG **1** 55, ebenso wenn eine Zahlungszeit angegeben ist, die vor der Zeit der Ausstellung liegt. RG **69** 205.

22) Ist keine Jahreszahl angegeben, so gilt die bei dem Ausstellungstage angegebene, z. B. OHG **6** 120. Ein so lautender W: am 1. November J. zahlen Sie . . . ist (dagegen) ungültig, weil es zweifelhaft bleibt, ob d. J. oder k. J. gemeint ist. OHG **24** 122.

23) „Bis zum . . . zahlen Sie" enthält keine genügende Bestimmung der Zeit. OHG **11** 170.

24) „cr." bedeutet als zulässige Abkürzung currentis scil. anni. OHG **1** 187.

25) „dato" bedeutet im Verkehr nach dato und ist gültige Bezeichnung. OHG **5** 245. dato nach Sicht heißt de dato, von heute an zahlbar auf Sicht. OHG **6** 239.

26) Ein W mit der Klausel „nach Kündigung" ist ungültig, z. B. OHG **2** 361.

27) Eine Schrift, in deren Eingang Zahlung der Wsumme „auf Sicht", an einer anderen Stelle aber Zahlung zur Verfallzeit „ohne vorhergegangene Präsentation" versprochen wird, begründet keine wmäßige Verbindlichkeit. RG **20** 182.

Vgl. Art. 30 bis 35 (Zahlungstag).

5) **Unterschrift des Ausstellers:**

28) Für die Unterschrift ist eine bestimmte Stelle gegeben (wo die Urkunde endigt), jede andere Stelle, etwa im Kontext, oder oberhalb oder auf der Rückseite oder quer darüber, ist ausgeschlossen, z. B. OHG **19** 89.

29) Bei einer aus Sach- und Namensbezeichnung zusammengesetzten Firma genügt die Unterschrift des Namens; die Sachbezeichnung kann durch Stempeldruck hergestellt sein. RG **47** 165. (Die Firma einer Kommanditgesellschaft lautete: Papier- und Pappenfabrik Sadowa Moritz Auerbach & Komp. Geschrieben waren von dem einzigen persönlich haftenden Gesellschafter Moritz Auerbach die Worte: „Moritz Auerbach & Komp." Die Worte: Papier- und Pappenfabrik Sadowa waren gestempelt.)

6) die Angabe des Ortes, Monatstags und Jahres der Ausstellung;[32–35])

7) der Name der Person oder die Firma, welche die Zahlung leisten soll (des Bezogenen oder Trassaten);[36–45])

30) Es müssen erkennbare Buchstaben sein, nicht bloße Federstriche (vgl. Art. 94). OHG **22** 407.

31) Wenn ein Bevollmächtigter einen W ausstellt, so muß der Name des Auftraggebers, wenn auch nur im Wkontext, geschrieben werden. OHG **20** 90.

6) **Datum der Ausstellung:**

32) Es braucht weder der bezeichnete Ort der Ausstellung (z. B. OHG **6** 125), noch das angegebene Datum das wirkliche zu sein. OHG **12** 316.

33) Der Ort von welchem ein W datiert ist, gilt keineswegs wrechtlich als Wohnort des Ausstellers. RG **25** 56 (62).

34) Betreffs der im Auslande ausgestellten W vgl. Art. 85.

35) Aus einer Urkunde, welche die Angabe verschiedener Orte oder Zeiten ihrer Ausstellung enthält, kann keine Wverpflichtung entstehen. RG **11** 165.

7) **Name des Bezogenen:**

36) Ein auf zwei verschiedene Personen gezogener W ist nicht gültig. RG **43** 80. **Dagegen:** Ein gezogener W ist nicht allein deshalb ungültig, weil er mehrere Personen nebeneinander als Bezogene bezeichnet. RG (verein. Zivilsenate) **46** 132.

37) Die Wadresse muß enthalten entweder den Namen der bezogenen Person oder die bezogene Firma. Der Name einer physischen Person ist der bürgerliche oder Geschlechtsname derselben. Ist dieser in der Wadresse nicht enthalten, so kommt es darauf an, ob die Adresse im Sinne der WO als an eine Firma gerichtet betrachtet werden darf. Unter der Firma im Sinne der WO kann nur eine den Gesetzen entsprechende Firma verstanden werden, und die Befugnis zur Führung einer Firma steht sowohl nach der geschichtlichen Entwicklung des Firmenrechts als auch nach den heutigen Gesetzen (§ 17 HGB) nur einem Kaufmanne zu. Eine vorgängige Eintragung der Firma in das Handelsregister ist für die Ausübung dieser Befugnis nicht erforderlich. Demnach hängt die formelle Gültigkeit des W davon ab, ob der Bezogene zur Zeit der Ausstellung desselben Kaufmann gewesen ist und sein Geschäft unter der in der Adresse angegebenen Firma geführt hat. RG **14** 17. (Der W war auf die „Fürstlich Isenburgische Fabrikverwaltung zu Birstein" gezogen, von dem Administrator der Fabrik angenommen und gegen den Fürsten Otto zu Isenburg-Birstein eingeklagt worden.)

38) Die Angabe des Bezogenen und der Akzeptvermerk lautete: C. T. F. Keck & Co., die Firma des Bezogenen enthielt noch den vorangestellten Zusatz: Deutsche Kaffee-Großhandlung. Dies ist für unschädlich erklärt worden. RG **70** 208.

39) Verschiedenheiten in der Angabe des Vornamens des Bezogenen

8) die Angabe des Ortes,[46—49]) wo die Zahlung geschehen soll; der bei dem Namen oder der Firma des Bezogenen ange=

---

und des Akzeptanten ändern in der Verhaftung nichts, wenn der Zweifel über die Identität beseitigt wird. OHG **3** 271.

40) Es schadet nichts, wenn der Akzeptant etwa zu dem Zwecke eine formelle Übereinstimmung zwischen Adresse und Akzept herbeizuführen oder weil er sich des unrichtigen Vornamens zu bedienen pflegt, eben diesen unrichtigen in der Adresse gebrauchten Vornamen zu dem Familiennamen zugefügt hat. RG **70** 273.

41) Dem Satz, daß im Akzepte die vom Namen verschiedene Firma nicht gebraucht werden dürfe, wenn in der Adresse der Name steht, und umgekehrt, hat in der WO keinen Ausdruck gefunden. RG **73** 280. Ein W, dessen Adresse lautete „Herrn Emil Dornig in S.", folgten in dem Akzeptvermerk auf dem Farbstempelaufdruck „M. Zwahrs Nachf. Inhaber Emil Dornig in Z." die von dem Angestellten geschriebenen Worte „gez. Max M. Bevollmächtigter". Dornig war Inhaber zweier Fahrradgeschäfte, von denen er das eine in S. unter seinem bürgerlichen Namen betrieb, während er sich zur Führung des andern, in Z. befindlichen Geschäfts der auf den früheren Inhaber hindeutenden Firma M. Zwahrs Nachf. bediente. Das Akzept ist für gültig erklärt worden.

42) Ist als Bezogener irrtümlich der Mann genannt, die Annahme aber durch die als Bezogene gemeinte Frau erfolgt, so ist kein gültiges Akzept vorhanden. OHG **21** 416. (Als Bezogener war genannt Herr Em. Forst; der von Frau Emilie Forst geschriebene Annahmevermerk lautete: Em. Forst. Meines Erachtens müßte, wenn Frau Emilie Forst unter der Firma Em. Forst ein Geschäft betriebe, in dem Worte: „Herr" lediglich eine Anredeform erblickt und das Akzept für gültig erachtet werden.)

43) Die Firma in allen ihren Bestandteilen; hat die Firma einen das Geschäft näher bezeichnenden Zusatz, so bildet dieser einen Bestandteil. OHG **12** 173. Wenn jedoch die Akzeptation unter dem vollständigen Namen erfolgt ist, so gilt diese, wenngleich die Adresse mangelhaft war. OHG **14** 172.

44) Ein Schriftstück, das als Bezogene angibt: „Tiroler Kohlengesellschaft Koessen in Groß=Lichterfelde bei Berlin", enthält weder einen persönl. Namen noch eine Firma, welche als Bezeichnung einer firmenberechtigten Person möglich ist, ihm fehlt eines der wesentlichsten Erfordernisse des W, aus ihm entsteht keine wmäßige Verbindlichkeit, die auf dem Schriftstück sich findenden Akzepte haben keine Wkraft. RG **63** 381.

45) Es darf nur e i n e Person gegeben sein, bei welcher (abgesehen vom Notfalle) die Wzahlung gefordert werden kann; Angabe mehrerer Personen, zwischen denen der Winhaber die Wahl treffen könnte, ist unzulässig. RG **25** 56 (62).

Vgl. auch Art. 23.

8. **Zahlungsort:**

46) d. h.: Ortschaft; ist nur eine Straße genannt, so ist keine genügende Ortsangabe vorhanden. OHG **9** 261. Sind mehrere Zahlungsorte angegeben, so ist der W ungültig. OHG **7** 190. Ist ein Ort genannt, der mit

gebene Ort gilt für den Wechsel, insofern nicht ein eigener Zahlungsort angegeben ist, als Zahlungsort und zugleich als Wohnort des Bezogenen.

Art. 5. Ist die zu zahlende Geldsumme (Art. 4 Nr. 2) in Buchstaben und in Ziffern ausgedrückt, so gilt bei Abweichungen die in Buchstaben ausgedrückte Summe.

Ist die Summe mehrmals mit Buchstaben oder mehrmals mit Ziffern geschrieben, so gilt bei Abweichungen die geringere Summe.[50]

Art. 6. Der Aussteller kann sich selbst als Remittenten (Art. 4 Nr. 3) bezeichnen (Wechsel an eigene Order).[51, 52]

Desgleichen kann der Aussteller sich selbst als Bezogenen (Art. 4 Nr. 7) bezeichnen, sofern die Zahlung an einem anderen Orte als dem der Ausstellung geschehen soll (trassiert-eigene Wechsel).[53, 54]

---

anderen Orten gleichnamig ist, so gilt der W; als der gewollte Ort wird der angesehen, an welchem der Winhaber Präsentation bewirkt; der Nachweis, daß der Aussteller einen anderen Ort gewollt hat, ist abgeschnitten. OHG **9** 192.

47) Die Klausel „zahlbar aller Orten" ersetzt nicht die fehlende notwendige Ortsbestimmung, sie entkräftet aber auch die anderweite Ortsbestimmung nicht. OHG **4** 261.

48) Er gilt also als Wohnort, wenn er auch nicht der wahre Wohnort ist. Er bildet das wmäßige Domizil des Bezogenen (für Präsentation, Notifikation, Protesterhebung mangels Datierung nach Art. 20 RG **62** 93), wenn sich auch das bürgerliche Domizil an einem anderen Orte befindet. OHG **11** 187.

49) Dieser ein für allemal fixierte Zahlungsort kann durch eine spätere Änderung des Wohnorts nicht verändert werden, die wrechtlichen Handlungen haben also in jenem stattzufinden. OHG **14** 118.

Vgl. Art. 24 (DomizilW).

50) Dieser Grundsatz gilt nicht auch dann, wenn verschiedene Geldsorten geschrieben sind, dann ist nach den Grundsätzen des W- und Zivilrechts nach dem Inhalt des W zu entscheiden. OHG **20** 160; vgl. oben S. 251 das Wformular.

51) Wenn der Trassant eines W an eigene Order seinem ersten Indossament die Bemerkung: ohne Obligo beifügt (Art. 14), bleibt er doch als Aussteller regreßpflichtig. OHG **1** 97. RG **18** 112.

52) Eigene W an eigene Order sind ungültig, vgl. Note zu Art. 96 Nr. 3.

53) Ein trassiert-eigener W ist nur dann vorhanden, wenn in ihm selber die Identität des Ausstellers und Bezogenen erklärt ist. OHG **18** 140.

Vgl. auch Art. 9, 14.

Art. 7. Aus einer Schrift, welcher eines der wesentlichen Erfordernisse eines Wechsels (Art. 4) fehlt,[55, 56]) entsteht keine wechselmäßige Verbindlichkeit. Auch haben die auf eine solche Schrift gesetzten Erklärungen[57]) (Indossament, Akzept, Aval) keine Wechselkraft. Das in einem Wechsel enthaltene Zinsversprechen gilt als nicht geschrieben.[58])

II. Verpflichtungen des Ausstellers.

Art. 8. Der Aussteller eines Wechsels haftet für dessen Annahme und Zahlung wechselmäßig.[59—61])

III. Indossament.[62])

Art. 9. Der Remittent kann den Wechsel an einen anderen durch Indossament (Giro) übertragen.[63, 64])

---

54) Ein W, aus welchem unzweifelhaft hervorgeht, daß der Bezogene und der Remittent dieselbe Person ist, ist ungültig. RG **19** 93.

55) Ist eine Unterschrift (oder eine Quittung, OHG **3** 98) auf dem W durchstrichen, so gilt dieselbe als nicht vorhanden, mag die Durchstreichung aus Versehen oder zufällig oder rechtswidrig entstanden sein. Z. B. OHG **19** 270. Ist ein Vollgiro bis auf den Namen durchstrichen, so gilt die übrig gebliebene Unterschrift nicht als Blankogiro. OHG **16** 141. Ist ein Domizilvermerk durchstrichen, so bleibt der W gültig. OHG **12** 431.

56) Ist die Veränderung offensichtlich, so hat der Inhaber den entscheidenden Zeitpunkt zu beweisen, andernfalls der Verpflichtete. RG **66** 201.

57) Es streitet eine tatsächliche Vermutung für die Annahme, daß Bleistiftzusätze auf einem vollständigen, mit dauerhaften Schriftzeichen hergestellten W keine Abänderung des WInhalts bezwecken, sondern als unverbindliche Notizen gemeint sind. RG **60** 426 (430).

58) Nach diesem Prinzip gelten auch andere Nebenversprechen als nicht geschrieben, nehmen aber dem W nicht seine Kraft. OHG **6** 364.

59) Vgl. Art. 25, 41 ff., 81.

60) Das Wversprechen des Ausstellers wird durch den Inhalt des aus der Tratte ersichtlichen Zahlungsauftrages bestimmt. Dies gilt namentlich in bezug auf den Fälligkeitstermin. Der Zeitpunkt, in welchem der Trassat bezogenermaßen Zahlung zu leisten hat, fällt zusammen mit dem Zeitpunkte, in welchem die Regreßpflicht des Ausstellers existent wird. Aus dem Wesen der Tratte folgt, daß der Grundsatz auch dann Anwendung findet, wenn es sich um einen vom Inlande auf das Ausland gezogenen W handelt; der Verfalltag und die Protestfrist wird danach nach dem ausländischen Rechte berechnet. RG **36** 127.

61) Wenn der Aussteller seiner Unterschrift die Klausel: „ohne Gewähr" hinzugefügt hat, ist der W nicht ungültig. Die Haftung des Ausstellers kann

Hat jedoch der Aussteller die Übertragung im Wechsel[65]) durch die Worte „nicht an Order" oder durch einen gleichbedeutenden Ausdruck untersagt, so hat das Indossament keine wechselrechtliche Wirkung.[66, 67])

Art. **10.** Durch das Indossament[68]) gehen alle Rechte aus dem Wechsel auf den Indossatar über, insbesondere auch die Befugnis, den Wechsel weiter zu indossieren. Auch an den Aussteller, Bezogenen, Akzeptanten oder einen früheren Indossanten kann der Wechsel gültig indossiert und von denselben weiter indossiert werden.[69, 70])

---

dadurch nicht ausgeschlossen werden (sondern nur durch Vertrag zwischen Geber und Nehmer). RG **37** 145.

62) Nach deutschem WRechte und nach deutscher Verkehrsauffassung enthält die Indossierung eines W grundsätzlich keine stillschweigende Übertragung der dem W zugrunde liegenden Forderung. RG **65** 357 (358).

63) Eine Wforderung kann auch durch Zession übertragen werden, dieselbe kann in besonderer Urkunde verbrieft werden, es mußte jedoch (nach preußischem Recht) der W dem Zessionar übergeben werden, wenn er Rechte aus dem W erwerben soll. OHG **11** 250. RG **3** 326 (329); vgl. jetzt § 398 BGB (Übertragung der Forderung).

64) Der Zessionar erwirbt die WForderung und mit ihr das WEigentum nur aus dem Rechte seines Auktors, des Zedenten, das heißt: die Rechte des Zedenten aus dem W, nicht wie der Indossatar kraft des Indossaments (Art. 10) das Recht aus dem W nach Maßgabe des Inhabers der WUrkunde und daß Eigentum des W als eignes Recht. RG **33** 144 (147).

65) Ein Verbot, auf die Rückseite geschrieben, ist ungültig. OHG **2** 408.

66) Der Akzeptant haftet also wrechtlich nicht dem Indossatar, ein Giro gibt dem Indossatar gegen den Akzeptanten auch nicht die Rechte eines Prokura-Indossatars (Art. 17). OHG **14** 60.

67) Das Verbot der Indossierung des W durch die Klausel: „nicht an Order" schließt die Zession der WRechte nicht aus. RG, K **3** 238.

Vgl. auch Art. 98 Nr. 2.

68) Durch ein Teilindossament werden WRechte weder erzeugt noch übertragen. RG **11** 148.

69) Dieser Artikel hat nicht etwa die Bedeutung, daß der, welcher auf den Aussteller begibt, auf die Rechte gegen diesen verzichtet; er bestimmt nur die Zulässigkeit des Indossaments an den Aussteller, Bezogenen, Akzeptanten und früheren Indossanten und gibt solchem Indossament die gleiche rechtliche Wirkung wie dem gewöhnlichen. OHG **18** 413. — An den Akzeptanten kann der W wirksam nur bis zum Verfall giriert werden. OHG **25** 18 (20).

70) Indossierung eines W an den Akzeptanten nach Verfall des W hat die Wirkung, daß die Wschuld des Akzeptanten untergeht und folglich

Art. **11.**[71]) Das Indossament muß auf den Wechsel, eine Kopie desselben oder ein mit dem Wechsel oder der Kopie verbundenes Blatt (Allonge) geschrieben werden.

Art. **12.**[71]) Ein Indossament ist gültig, wenn der Indossant auch nur seinen Namen oder seine Firma auf die Rückseite des Wechsels oder der Kopie oder auf die Allonge schreibt (Blanko-Indossament).

Art. **13.**[71]) Jeder Inhaber eines Wechsels ist befugt, die auf demselben befindlichen Blanko-Indossamente auszufüllen; er kann den Wechsel aber auch ohne diese Ausfüllung weiter indossieren.

Art. **14.** Der Indossant haftet jedem späteren Inhaber des Wechsels für dessen Annahme und Zahlung wechselmäßig. Hat er aber dem Indossamente die Bemerkung „ohne Gewährleistung", „ohne Obligo" oder einen gleichbedeutenden Vorbehalt hinzugefügt, so ist er von der Verbindlichkeit aus seinem Indossamente befreit.[72])

Art. **15.** Ist in dem Indossamente die Weiterbegebung durch die Worte „nicht an Order" oder durch einen gleichbedeutenden Ausdruck verboten,[73]) so haben diejenigen, an welche der Wechsel aus der Hand des Indossatars gelangt, gegen den Indossanten keinen Regreß.

Art. **16.** Wenn ein Wechsel indossiert wird, nachdem die für die Protesterhebung mangels Zahlung bestimmte Frist abgelaufen ist, so erlangt der Indossatar die Rechte aus dem etwa vorhandenen Akzepte gegen den Bezogenen und Regreßrechte gegen diejenigen, welche den Wechsel nach Ablauf dieser Frist indossiert haben.[74—76])

---

auch alle Regreßverbindlichkeiten aus dem W erlöschen. Eine Abtretung der Rechte aus dem gegen den Aussteller erstrittenen Urteil an den Akzeptanten ist zulässig und läßt zunächst den WAnspruch gegen den Akzeptanten unberührt. Wenn er jedoch die durch Abtretung auf ihn übergegangene W-regreßforderung an den Aussteller geltend mache, so steht ihm die im Wrecht begründete Einrede entgegen, daß nach Einlösung des W er in seiner Eigenschaft als Akzeptant das Gezahlte werde erstatten müssen. RG **65** 120.

71) Die Art. 11 bis 13 kommen nach § 222 und § 365 HGB zur entsprechenden Anwendung.

72) Wenn der Trassant eines W an eigene Order seinem ersten Indossament die Bemerkung: ohne Obligo beifügt (Art. 14), bleibt er doch als Aussteller regreßpflichtig. OHG **1** 97. RG **18** 112.

Vgl. Art. 49, 81. Betreffs des Ausstellers vgl. Note 61 zu Art 8.

73) Aus der Überschrift: Depot-W kann eine Unzulässigkeit der Indossierung nicht abgeleitet werden. OHG **13** 412.

Ist aber der Wechsel vor dem Indossamente bereits mangels Zahlung protestiert worden,[77, 78]) so hat der Indossatar nur die Rechte seines Indossanten gegen den Akzeptanten, den Aussteller und diejenigen, welche den Wechsel bis zur Protesterhebung indossiert haben. Auch ist in einem solchen Falle der Indossant nicht wechselmäßig verpflichtet.[79—84])

---

74) Der solchergestalt begebene W nimmt die Natur des Sichtw an und ist nach Analogie eines solchen zu behandeln. OHG **6** 99.

75) Das Nachindossament (d. h. Indossament nach Verfall) eines eigenen, nicht protestierten W gewährt dem Giratar selbständige Rechte gegen den Aussteller. OHG **7** 316.

76) Die Rechte können nicht nur durch Nachindossament, sondern auch durch einfache Abtretung ohne weitere Förmlichkeiten übertragen werden. RG, R **8** 388.

77) Nur der Protest hat diese Wirkung (nicht vorherige Einklagung). OHG **12** 154.

78) Der Protest muß rechtzeitig innerhalb der Frist des Art. 41 Abs. 2 erhoben sein; ein späterer Protest ist nicht geeignet, den W als protestiert bezeichnen zu lassen, auch nicht dem Akzeptanten gegenüber. RG **1** 293.

79) Ein solches Indossament ist also kein eigentliches, sondern nur eine Übertragung der Rechte des Indossanten, eine Zession seiner Regreßrechte und des Anspruchs gegen den Akzeptanten, mithin können dem Indossatar alle Einreden entgegengehalten werden, welche dem Beklagten gegen den Indossanten zustehen (OHG **8** 164), oder gegen einen Zwischenindossanten (RG **14** 105), er hat kein Klagerecht gegen den Indossanten (OHG **18** 4), und wenn dieser auch zugleich Aussteller war, so haftet er doch nicht etwa als solcher. OHG **21** 273.

80) Das nach Protest gegebene Indossament ist zwar in seiner Wirkung beschränkt, hat aber gleichwohl, insbesondere für die Legitimation, die Bedeutung eines Indossamentes und nicht die einer Zession. RG **23** 49. (Der Remittent, welcher den W nach Protest indossiert und vom Indossator zurückerhalten hatte, durfte die Indossamente streichen (Art. 54, 55 WO) und damit die Übertragung ungeschehen machen; er blieb als Remittent zur Klage legitimiert und durfte das diesem zustehende WRecht ausüben.)

81) Die Indossierung eines verfallenen W an den Akzeptanten hat ohne weiteres den Untergang der Wschuld des Akzeptanten und folglich auch das Erlöschen der Regreßverbindlichkeiten aus dem W zur Folge. Wird dagegen dem Akzeptanten nur der Anspruch aus einem gegen den Aussteller als Regreßpflichtigen ergangenem Urteil abgetreten, so kann er gegen den letzteren die abgetretene Regreßforderung an sich geltend machen, er setzt sich hierbei der Einrede der Arglist aus, es sei denn, daß nach dem der Wakzeptierung zugrunde liegendem Rechtsverhältnis (Gefälligkeitsakzept) der Aussteller nicht berechtigt sein würde, vom Akzeptanten Erstattung der im Regreßwege gezahlten Wsumme zu verlangen. RG, R **8** 388.

Art. 17. Ist dem Indossamente die Bemerkung „zur Einkassierung“, „in Prokura“ oder eine andere die Bevollmächtigung ausdrückende Formel beigefügt worden,[85]) so überträgt das Indossament das Eigentum an dem Wechsel nicht, ermächtigt aber den Indossatar zur Einziehung der Wechselforderung,[86, 87]) Protest-

---

82) Der protestierte W ist, wie sich aus Art. 16 Abs. 2 WO ergibt, kein Umlaufpapier mehr; sein Gegenstand sind nur noch die durch den Protest fixierten Regreßrechte nebst dem Anspruch gegen den Akzeptanten, über die nur durch Nachindossament, das den Nachindossatar dem Zessionar gleichstellt, und durch Zession verfügt werden kann. RG **55** 323.

83) Wer einen W nach Protest mangels Zahlung erwirbt, kann ein vor demselben ausgestelltes Blankoindossament unter Durchstreichung nachfolgender zu seiner Legitimation benutzen; bezüglich der Wirkung ist aber nicht die Zeit der Ausstellung, sondern die der Benutzung geltend; seine Rechte als Kläger sind mit Rücksicht auf die persönlichen Verhältnisse zu bestimmen, welche zur Zeit des Protestes zwischen dem damaligen Wgläubiger und dem Wschuldner bestanden, oder nach dem Protest zwischen dem gedachten Wgläubiger und dessen Rechtsnachfolger und dem Wschuldner entstanden sind, und er muß sich daher Einreden gefallen lassen, welche der Wschuldner einem dieser Rechtsvorgänger entgegensetzen konnte, deshalb sogar auch Einreden, welche sich aus seinem Verhältnisse zu einem sonstigen, auf der WUrkunde nicht vorkommenden Erwerber des protestierten W ergeben. OHG **23** 35, dagegen: RG (vereinigte Zivilsenate) **2** 75: Die Legitimation eines WErwerbers nach Verfall und Protest, kann nicht durch ein vor Verfall erteiltes Blankoindossament hergestellt werden.

Dies aber ist nur für verfallene nd protestierte W verneint. RG **33** 144.

Über die Legitimation des Regreßnehmers oder des Inhabers nach erfolgter Einlösung vgl. Art. 41. Diese legitimieren sich durch den Besitz des W und den Protest, aus welchem ihr Eintritt in den Lauf des W vor der Protesterhebung ersichtlich wird.

84) Ein Vollindossatar ist nicht berechtigt, auf Grund des Vollindossamentes den W gegen den Akzeptanten mit der Erklärung, das Vollindossament eines Vormannes sei in Wirklichkeit nur ein Prokuraindossament, als Bevollmächtigter dieses Vormannes einzuklagen. RG **27** 128.

85) Das Prokuraindossament kann, was das innere Verhältnis zwischen dem Indossanten und dem Indossatare anlangt, an sich von dem ersteren jederzeit widerrufen werden. Soweit aber dritten Personen gegenüber die gesetzlichen Befugnisse des Prokuraindossatars reichen, erscheint dieser, solange das Prokuraindossament formell — ausweislich der WUrkunde — besteht, als ausschließlich legitimiert, die Rechte aus dem W geltend zu machen. RG **32** 75. (Der Indossant kann deshalb den Protest nicht erheben lassen, vgl. die Noten zu Art. 36.)

86) Der durch reines Indossament legitimierte Indossatar gilt Dritten gegenüber als berechtigter Wgläubiger, was auch zwischen ihm und dem

erhebung[88]) und Benachrichtigung des Vormanns seines Indossanten von der unterbliebenen Zahlung (Art. 45) sowie zur Einklagung der nicht bezahlten und zur Erhebung der deponierten Wechselschuld. Ein solcher Indossatar ist auch berechtigt, diese Befugnis durch ein weiteres Prokura-Indossament einem anderen zu übertragen. Dagegen ist derselbe zur weiteren Begebung durch eigentliches Indossament selbst dann nicht befugt, wenn dem Prokura-Indossamente der Zusatz „oder Order" hinzugefügt ist.

IV. Präsentation zur Annahme.

Art. 18. Der Inhaber eines Wechsels ist berechtigt, den Wechsel dem Bezogenen sofort zur Annahme zu präsentieren und in Ermangelung der Annahme Protest erheben zu lassen. Eine entgegenstehende Übereinkunft hat keine wechselrechtliche Wirkung. Nur bei Meß- oder Marktwechseln findet eine Ausnahme dahin statt, daß solche Wechsel erst in der an dem Meß- oder Marktorte gesetzlich bestimmten Präsentationszeit zur Annahme präsentiert und in Ermangelung derselben protestiert werden können. Der bloße Besitz des Wechsels ermächtigt zur Präsentation des Wechsels und zur Erhebung des Protestes mangels Annahme.

Art. 19. Eine Verpflichtung[89]) des Inhabers, den Wechsel zur Annahme zu präsentieren, findet nur[90]) bei Wechseln statt, welche auf eine bestimmte Zeit nach Sicht lauten. Solche Wechsel müssen bei Verlust des wechselmäßigen Anspruchs gegen die Indossanten und den Aussteller nach Maßgabe der besonderen im Wechsel ent-

---

Indossanten verabredet sein mag; der Gegenbeweis, auch der der Simulation ist ausgeschlossen. OHG 6 45.

Wegen des Einwandes der Arglist siehe Anm. 57 zu Art. 82.

Prozeßpartei ist der Prokuraindossant. Z. B. OHG 22 174.

87) Der klagende Inkassomandatar muß sich alle Einreden gefallen lassen, die seinem Mandanten entgegengehalten werden könnten, wenn er klagte. RG, K 4 236.

88) Zu dieser ist er als Mandatar verpflichtet, sonst macht er sich regreßpflichtig. OHG 17 413.

89) Bei unterlassener Präsentation geht nur der Regreßanspruch, nicht der Anspruch gegen den Akzeptanten verloren, diesem gegenüber tritt die Fälligkeit zwei Jahre nach der Ausstellung ein. OHG 16 346.

Ebenso bei einfachen (d. h. nicht auf eine bestimmte Zeit nach Sicht gestellten) Sichtw. Z. B. OHG 11 47.

90) Vgl. aber auch Art. 24 Abs. 2.

haltenen Bestimmung und in Ermangelung derselben binnen zwei Jahren nach der Ausstellung zur Annahme präsentiert werden.[91]) Hat ein Indossant auf einem Wechsel dieser Art seinem Indossament eine besondere Präsentationsfrist hinzugefügt, so erlischt seine wechselmäßige Verpflichtung, wenn der Wechsel nicht innerhalb dieser Frist zur Annahme präsentiert worden ist.

Art. 20. Wenn die Annahme eines auf bestimmte Zeit nach Sicht gestellten Wechsels nicht zu erhalten ist oder der Bezogene die Datierung seines Akzepts verweigert, so muß der Inhaber bei Verlust des wechselmäßigen Anspruchs gegen die Indossanten und den Aussteller die rechtzeitige Präsentation des Wechsels durch einen innerhalb der Präsentationsfrist (Art. 19)[92]) erhobenen Protest feststellen lassen.

Der Protesttag gilt in diesem Falle für den Tag der Präsentation.

Ist die Protesterhebung unterblieben, so wird gegen den Akzeptanten, welcher die Datierung seines Akzepts unterlassen hat, die Verfallzeit des Wechsels vom letzten Tage der Präsentationsfrist an gerechnet.[93])

V. Annahme (Akzeptation).

Art. 21. Die Annahme des Wechsels muß auf dem Wechsel schriftlich geschehen.[94–96])

---

91) Die Präsentation muß im Wohnort, nicht im Domizil geschehen (da der Domizilvermerk an sich lediglich die Zahlung, nicht auch anderweitige WAkte betrifft), falls nicht im W etwas anderes angeordnet ist. Z. B. OHG 10 49.

92) Dies gilt nur für die Präsentation zur Annahme befristeter, nicht für Präsentation zur Zahlung einfacher Sichtw (diese, als bei Vorzeigung fällig, müssen nach Art. 41 binnen 2 Tagen protestiert werden). OHG 6 99.

93) Es ist nicht zulässig, nachzuweisen, daß eine frühere Präsentation stattgefunden habe. OHG 20 173.

94) Über Nichtübereinstimmung der Adresse und des Annahmevermerks vgl. Anm. 37 ff. zu Art. 4.

95) Ist die Firma des Akzeptanten unvollständig gezeichnet, so kommt es darauf an, ob bei den konkreten Umständen der Wille des Akzeptanten, seine Firma zu zeichnen, bei einer Gesellschaft also der Wille, die Gesellschaftsfirma zu zeichnen, in der Unterschrift unzweideutig zum Ausdruck gelangt ist. Dies ist bejaht, als die Firma: „J. C. Rahn & Schmid in T." bezogen war; bezogen werden sollte die Handelsgesellschaft: Oberfränkische

Jede auf den Wechsel geschriebene und von dem Bezogenen unterschriebene Erklärung gilt für eine unbeschränkte Annahme, sofern nicht in derselben ausdrücklich ausgesprochen ist, daß der Bezogene entweder überhaupt nicht oder nur unter gewissen Einschränkungen annehmen wolle.[97])

Gleichergestalt gilt es für eine unbeschränkte Annahme, wenn der Bezogene ohne weiteren Beisatz seinen Namen oder seine Firma auf die Vorderseite des Wechsels schreibt.

Die einmal erfolgte Annahme kann nicht wieder zurückgenommen werden.[98, 99])

Fenster- und Maschinenfabrik des C. Kahn & Schmid, da die Gesellschaft sich dieser Abkürzung auch sonst im Geschäftsverkehr bedient hatte und eine ähnlich lautende Firma an dem Orte nicht bestand. RG. K **3** 236.

96) Eine gültige Namensunterschrift im Sinne des § 126 Abs. 1 BGB liegt auch dann vor, wenn der Aussteller der Urkunde, der die Willenserklärung in Vertretung eines anderen abgibt, nur mit dem Namen dieses anderen, des Vertretenen, unterzeichnet. RG **50** 51.

97) Der den Bezogenen verbindende Akt beruht nicht erst in der Aushändigung, beziehungsweise Zurückgabe des mit dem Akzept versehenen W, sondern in der Niederschrift des Akzeptes. RG **9** 57 (vgl. jedoch unten Anm. 15 betreff. Blankoakzepte).

98) Es beruht die verpflichtende Kraft des Akzepts nicht auf dem Vertragsverhältnisse zwischen dem Aussteller und dem Bezogenen, sondern ausschließlich auf der Niederschrift des Akzepts und der darin enthaltenen einseitigen Willenserklärung des Bezogenen, die nicht dem Aussteller allein, sondern sämtlichen WInhabern gegenüber abgegeben wird. RG **24** 87.

99) Ein WAkzept kann nur von dem in gehöriger Weise Bezogenen gültig vollzogen werden. RG **14** 17, vgl. Note 37 ff. zu Art. 4 Nr. 7.

Blanko-Akzepte, teilweise ausgefüllte W. [100, 1—19])

100) Durch die Ausstellung eines WBlanketts und dessen Übergabe an einen anderen mit der Ermächtigung, das Blankett in verabredeter Weise auszufüllen, kommt nicht allein ein WVertrag (pactum de cambiando) zustande, sondern es ist auch von seiten des Akzeptanten bereits alles geschehen, was seinerseits zur Schaffung der WObligation erforderlich ist. RG **11** 5 (8).

1) Durch die Abgabe eines Blanko-Akzepts erwirbt der Empfänger regelmäßig unwiderruflich ein vom Einspruch des Gebers nicht mehr abhängiges, nicht auf seine Person beschränktes, sondern auf seine Rechtsnachfolger übergehendes Vermögensrecht, durch Ausfüllung des Blanketts einen allen gesetzlichen Erfordernissen entsprechenden W herzustellen; der Nehmer braucht dann zur Begründung des Anspruchs nicht noch zu beweisen, daß er zur Ausfüllung in der geschehenen Art ermächtigt gewesen, vielmehr steht ihm eine Vermutung zur Seite, welche der Beklagte durch die substantiierte Darlegung und den Nachweis der Einrede der Arglist, d. h. daß der

Nehmer das in ihn gesetzte Vertrauen gemißbraucht und dem W einen von der erteilten Erlaubnis abweichenden Inhalt gegeben hat, zu entkräften hat. OHG **21**, 324, RG **8** 57.

2) Der Empfänger ist befugt, falls nichts anderes verabredet ist, das Blanko-Akzept unausgefüllt (oder nach unvollständiger Ausfüllung, RG **32** 69) weiter zu begeben und dessen Ausfüllung (soweit sie nicht bereits von ihm bewirkt ist) dem späteren Nehmer zu überlassen. RG **8** 57.

3) Die Ausfüllung darf auch geschehen: durch den in Konkurs geratenen Gläubiger (OHG **14** 56), durch den Konkursverwalter (OHG **17** 211), durch die Erben (z. B. OHG **14** 54), nach dem Tode des Blankoakzeptanten, auch mit einem dem Todestage nachfolgenden Ausstellungsdatum, RG **33** 44, nach dem Fälligkeitstage, der Verfalltag darf aber nicht vor dem Tage der Ausstellung oder der Annahme liegen. RG, K **3** 235, vgl. Note 21 zu Art. 4.

4) Die Verjährung beginnt mit dem im ausgefüllten W angegebenen Verfalltage. RG **58** 186.

5) Die vertragswidrige Ausfüllung des Blanketts begründet keinen einem jeden Nehmer entgegenstehenden Einwand, vielmehr nur eine lediglich demjenigen Nehmer nachteilige Einrede, welcher selber die Ausfüllung widerrechtlich bewirkt oder an der Vertragswidrigkeit teilgenommen, oder doch beim Erwerbe des bereits ausgefüllten W um den Vertrauensmißbrauch gewußt hat — somit nur eine dem bösgläubigen Nehmer entgegenstehende exceptio doli. OHG **6** 45. RG **19** 136.

Was sich nach Aushändigung des Formulars in der Person des Schuldners zuträgt, Tod, Geschäftsunfähigkeit oder Beschränkung der Geschäftsfähigkeit infolge von Entmündigung, Aufhebung der Verfügungsbefugnis infolge der Konkurseröffnung, ändert an der Befugnis, das Formular auszufüllen, nichts mehr. Es kommt ausschließlich darauf an, ob zur Zeit der Übergabe des unterschriebenen Formulars unbeschränkte Geschäftsfähigkeit und unverminderte Verfügungsbefugnis bestand. RG **58** 169 (172).

6) Die Befugnis erstreckt sich jedoch nur auf den regelmäßigen Inhalt; zur Beifügung eines Domizilvermerks muß der übereinstimmende (wenn auch nicht ausdrücklich erklärte) Wille der ersten Kontrahenten dargetan werden, z. B. OHG **23** 211; RG **3** 60; RG **4** 410; RG, K **2** 153 und **4** 273.

7) Der beklagte WAussteller kann sich für das objektive Moment, daß durch die Domizilierung die Ausfüllungsermächtigung abredewidrig benutzt worden, allerdings jedem Wnehmer gegenüber zunächst darauf berufen, daß Wzahlung am Wohnorte des Bezogenen das Allgemeine, Typische, Domizilierung des W das Singuläre, die Verpflichtung Qualifizierende sei. Zum Nachweise aber des subjektiven Moments der Bösgläubigkeit in den Fällen, in welchen es dieses Nachweises bedarf, weil der dritte Winhaber den W bereits von einem früheren Nehmer mit der domizilierten Adresse ausgefüllt erworben hat, genügt der Hinweis auf die Vermutung für die Eingeschränktheit der Ausfüllungsermächtigung nicht, sondern es müssen Umstände vorgebracht werden, welche begründeten Zweifel seitens des WInhabers hätten erregen sollen, ob die Ermächtigung zur Domizi-

lierung vom Aussteller ausdrücklich oder stillschweigend eingeräumt war. RG **19** 136.

8) Wenn der Nehmer eines Blanko-Akzeptes unbefugterweise einen Domizilw hergestellt hat, so ist der W gültig als ein Domizilw; der Blankettnehmer muß sich jedoch gefallen lassen, daß ihm gegenüber der W als ein nicht domizilierter behandelt wird. RG **55** 337.

9) Eine abredewidrige Domizilierung begründet zwar die Einrede der Arglist dem gegenüber, der vertragswidrig oder ohne die erforderliche Ermächtigung das Domizil hineingesetzt hat, nicht aber demjenigen gegenüber, der den mit dem Domizilvermerk versehenen W in gutem Glauben erworben hat. RG, R **2** 153.

10) Die abredewidrige Ausfüllung eines Blanko-Akzeptes beseitigt nicht die Formgültigkeit des W; er kann jedoch von dem Nehmer und jedem böswilligen Erwerber nur, soweit der Inhalt nicht abredewidrig ist, geltend gemacht werden, also nur in Höhe der verabredeten Summe zur verabredeten Fälligkeitszeit, als nicht domizilierter W, wenn ein Domizil nicht verabredet ist. RG, R **4** 232.

11) Demjenigen, der gutgläubig das Akzept vom ersten Nehmer käuflich erwirbt und dann gutgläubig den W herstellt, kann nicht entgegengehalten werden, daß dem Verkäufer Rechte aus dem W nicht zugestanden hätten. RG **65** 409.

12) Sobald der Empfänger des Blanko-Akzepts dasselbe einmal ausgefüllt und einen vollständigen W hergestellt hat, ist seine Ermächtigung erschöpft und er darf nicht nachträglich wieder Änderungen bzw. Zusätze machen. OHG **14** 382. RG **9** 135. Jede spätere Veränderung des Winhalts, welche ohne Einwilligung des Akzeptanten bewirkt wird, erscheint als eine Verfälschung desselben. RG **53** 261.

13) Hat der Empfänger durch Zeichnung als Aussteller den W bona fide hergestellt, so ist damit zu seinen Gunsten gemäß Art. 23 Abs. 2 WO die Haftung des Akzeptanten eingetreten; dann beruht sein Gläubigerrecht nicht mehr auf der Übertragung seines Vormannes, sondern auf der Skripturobligation des Akzeptanten in Verbindung mit dem gutgläubigen Erwerbe. Anders aber ist es, wenn das Blankett nicht für sich Gegenstand der Übertragung war, sondern zusammen mit der materiellen Forderung, für die es gegeben war, auf den dritten Erwerber übergeben wurde, wobei es natürlich nur auf den rechtlichen Zusammenhang der Forderungszession und Blankotradition und nicht darauf ankommt, ob die Übergabe des Blanketts gleichzeitig mit der Zession der Forderung oder erst nachträglich erfolgt ist. In diesem Falle steht der Erwerber des Blanketts dem Blanko-Akzeptanten nicht anders gegenüber als der erste Nehmer, sein Rechtsvorgänger, er kann die Ausfüllung nicht unter anderen Bedingungen und nicht mit anderer Wirkung als dieser vornehmen, d. h. seine Ausfüllung muß, ohne daß es auf die besondere Willensrichtung ankommt, rechtlich gelten, als mit Bezug auf sein Gläubigerrecht und die darin enthaltene und daran geknüpfte Ausfüllungsbefugnis erfolgt. Der Gedanke der Wkreation kann hier nicht durchgreifen; die aus dem unterliegenden, durch Zession übertragenen Forderungsverhältnis entnommenen Einwendungen stehen dem

Art. 22. Der Bezogene kann die Annahme auf einen Teil der im Wechsel verschriebenen Summe beschränken.[22, 23])

Erwerber gegenüber auch nach Ausfüllung des Papiers in gleicher Weise zu, wie gegenüber seinem Vormanne, dem Zedenten. RG **68** 418 (422).

14) Die Begebung eines von vornherein sich als vollständig darstellenden, jedoch in einem wesentlichen Punkte mangelhaften W begründet nicht die Vermutung, daß der Empfänger und dessen Nachmänner zur Beseitigung des Mangels ermächtigt seien. RG **32** 69.

15) Der Akzeptant eines Blanko-Akzepts wird noch nicht durch die Aushändigung des Akzeptes verpflichtet, sondern erst mit dem Momente der geschehenen Ausfüllung. RG **2** 89.

16) Die Frage, ob eine verpflichtende WErklärung des Akzeptanten vorliegt, ob insbesondere die Vertragsfähigkeit desselben und die Vertretungsbefugnis des in seinem Namen unterzeichnenden Vertreters vorhanden gewesen sei, ist nicht nach der Zeit der Ausfüllung des Blanketts, sondern nach der Zeit der Ausstellung und Übergabe des Blanko-Akzeptes zu beurteilen (ob etwa die Zeit der Ausstellung allein entscheidend sei, ist unentschieden gelassen). RG **11** 5 (8).

17) Steht der Name des Gebers auf dem Blankett an einer Stelle, welche auf seine Absicht, nur als Aussteller unterschreiben zu wollen, schließen läßt, so enthält es eine Überschreitung der dem Nehmer erteilten Ermächtigung zur Ausfüllung desselben, wenn er seinen eigenen Namen als Aussteller über den Namen des Gebers schreibt und diesen, indem er dem W die Abresse des Gebers als Trassanten beifügt, in die Stellung des Akzeptanten verdrängt. RG **12** 119.

18) Die Übergabe eines in blanko akzeptierten eigenen W stellt sich ebenso wie die Übergabe eines Blanko-Akzeptes als Ermächtigung zur Herstellung einer WObligation dar. RG **23** 109.

19) Blanko-Akzepte können aufgeboten werden, s. Anm. 35 zu Art. 73.

Gefälligkeits-Akzepte.[20, 21])

20) Gefälligkeits-Akzept in der unter Kaufleuten üblichen Bedeutung heißt, daß der W von dem Beklagten aus bloßer Gefälligkeit gegen den Kläger, um demselben Kredit zu verschaffen, akzeptiert worden, wobei Kläger, sei es ausdrücklich oder stillschweigend, die Verpflichtung übernommen habe, dem Beklagten bis zum Verfall Deckung zu gewähren oder den W zur Verfallzeit einzulösen. Dann steht der Klage aus dem, der Akzeptation zugrunde liegenden Rechtsgeschäfte eine wirksame Einrede entgegen und Kläger ist nicht berechtigt, den Beklagten aus seinem Akzept zu belangen. OHG **14** 225.

21) Die Behauptung, daß ein Gefälligkeitsw eingelöst worden sei, genügt zur Klage auf Deckung gegen den, für den der W eingelöst worden ist. OHG **19** 250.

22) Auch die Bürgschaft (Art. 81) darf auf einen Teil beschränkt werden. OHG **12** 255.

23) Der Zusatz, daß „nicht an Order" gehaftet werde, bildet eine zulässige Einschränkung des Akzepts. OHG **14** 60.

Werden dem Akzept andere Einschränkungen beigefügt, so wird der Wechsel einem solchen gleichgeachtet, dessen Annahme gänzlich verweigert worden ist, der Akzeptant haftet aber nach dem Inhalte seines Akzepts wechselmäßig.

Art. 23. Der Bezogene[24, 25]) wird durch die Annahme[26]) wechselmäßig verpflichtet,[27]) die von ihm akzeptierte Summe[28, 29]) zur Verfallzeit zu zahlen.

Auch dem Aussteller haftet der Bezogene aus dem Akzepte wechselmäßig.[30])

Dagegen steht dem Bezogenen kein Wechselrecht gegen den Aussteller zu.[31])

---

24) Der nicht bezogene Allein-Akzeptant wird nicht verpflichtet (vgl. Art. 81). OHG **15** 346. Ist auf eine offene Handelsgesellschaft gezogen und hat ein Gesellschafter unter seinem Personennamen akzeptiert, so ist weder er noch die Gesellschaft verhaftet. OHG **20** 262. Ein Akzept ist ungültig, wenn der W auf eine offene Handelsgesellschaft gezogen und von einer Aktiengesellschaft akzeptiert ist. RG **35** 38. (Der W war gezogen auf: Mrs. P. & Co., akzeptiert: P. & Company Engineers limited i. V. Fr. W.)

24a) Ein auf E. T. F. Keck gezogener W war von dem zur Zeichnung der Gesellschaft E. T. F. Keck & Co. berechtigten E. T. F. Keck mit E. T. F. Keck & Co. akzeptiert worden; ein gültiges Akzept dieser Firma lag nicht vor, eine Verpflichtung des E. T. F. Keck trat nicht ein, da das Akzept des Nichtbezogenen eine Wverpflichtung nicht erzeugt. RG **70** 208.

25) Der Akzeptant haftet dem, der sich wrechtlich als Eigentümer des W legitimieren wird; wie diese Legitimation vom Inhaber zu führen ist, ist im Art. 36 vorgeschrieben. OHG **23** 356.

26) Wird dargetan, daß die Annahme vor dem WDatum erfolgt sei, so ist nicht die Zeit des WDatums, sondern die Zeit der Akzeptation für die Beurteilung der verbindenden Kraft maßgebend. RG **11** 5 (8).

27) Die Verpflichtung des Akzeptanten wird inhaltlich eine andere, je nachdem er vom Inhaber des W zur Zeit der Fälligkeit oder von einem Vormann desselben, der den W im Regreßwege eingelöst hat, in Anspruch genommen wird. Dem Inhaber haftet der Akzeptant auf Zahlung der Wsumme; dem einlösenden Vormanne auf Vergütung alles dessen, was dieser hat zahlen müssen, weil er selbst nicht bezahlt hat. OHG **24** 1 (5).

28) Diese Bestimmung erhält durch Art. 81 Satz 2 eine wohl zu beachtende Ergänzung. Wegen Verzugszinsen siehe Art. 50.

29) Der durch Gewohnheitsrecht festgestellte Zinssatz von sechs Prozent des Akzeptanten ist auch nach dem 1. I. 00 geblieben (Art. 2 EinfG z. BGB). RG, K **1** 65.

30) Nicht etwa nur dann, wenn der Aussteller nach Art. 10 als Indossatar auftritt, sondern auch wenn dies nicht der Fall ist. OHG **7** 288.

31) Der Akzeptant muß zur Begründung der Revalierungsklage (der

Art. 24.[32]) Ist in dem Wechsel ein vom Wohnorte[33]) des Bezogenen[34]) verschiedener Zahlungsort (Art. 4 Nr. 8) angegeben (Domizilwechsel),[35—37]) so ist, insofern der Wechsel nicht schon ergibt, durch wen die Zahlung am Zahlungsort erfolgen soll, dies vom Bezogenen bei der Annahme auf dem Wechsel zu bemerken.[38]) Ist dies nicht geschehen, so wird angenommen, daß der Bezogene selbst die Zahlung am Zahlungsorte leisten wolle.

Der Aussteller eines Domizilwechsels kann in demselben die Präsentation zur Annahme vorschreiben. Die Nichtbeobachtung dieser Vorschrift hat den Verlust des Regresses gegen den Aussteller und die Indossanten zur Folge.

VI. Regreß auf Sicherstellung.

1. Wegen nicht erhaltener Annahme.

Art. 25. Wenn die Annahme eines Wechsels überhaupt nicht oder unter Einschränkungen oder nur auf eine geringere Summe erfolgt ist, so sind die Indossanten und der Aussteller wechselmäßig verpflichtet, gegen Aushändigung des mangels Annahme aufge-

---

Klage auf Deckung) sein Klagerecht begründen, die Berufung auf den W allein enthält eine solche Berufung nicht. Z. B. OHG **10** 284.

32) Vgl. Art. 43 (Protest bei domizilierten W).

33) Wohnort, nicht etwa Wohnung in demselben Ort. OHG **18** 146.

34) Einzelnen physischen Personen oder Firma. OHG **11** 187.

35) Ein W ist nur dann Domizilw, wenn in ihm vom Aussteller (siehe Note 37) ein vom Wohnort des Bezogenen verschiedener Zahlungsort angegeben ist. Die bloße Angabe, daß bei einer anderen Person zu zahlen sei, reicht nicht hin, um einen Domizilw zu begründen. OHG **5** 99 (sogenannter uneigentlicher Domizilw). Der Zusatz bei Benennung des in F. wohnhaften Trassaten „zahlbar an der Gewerbskasse in L." kann nur dahin gedeutet werden: „zahlbar an dieser Kasse durch den hierzu berufenen Vertreter oder Angestellten der Genossenschaft" und enthält mithin einen Domizilvermerk. RG **1** 17.

36) Der Vermerk: „in München zahlbar S.straße 15 Hotel Reichshof" enthält nicht die Benennung eines bestimmten Domiziliaten. RG **48** 319.

37) Fügt der Akzeptant dem Akzepte einen Zahlungsort bei, so ist dies ein beschränktes Akzept; ein Domizilw entsteht dadurch nicht. OHG **25** 122.

38) Wenn ein Domizilvermerk wider Wissen und Willen des Ausstellers beigefügt wird, so ist der W diesem gegenüber, als wesentlich geändert, gefälscht. Z. B. OHG **3** 51. Der Aussteller ist aus einem solchen nicht gebunden. RG, K **8** 390.

nommenen Protestes genügende Sicherheit dahin zu leisten, daß die Bezahlung der im Wechsel verschriebenen Summe oder des nicht angenommenen Betrags sowie die Erstattung der durch die Nichtannahme veranlaßten Kosten am Verfalltag erfolgen werde.

Jedoch sind diese Personen auch befugt, auf ihre Kosten die schuldige Summe bei Gericht oder bei einer anderen zur Annahme von Depositen ermächtigten Behörde oder Anstalt niederzulegen.

Art. 26. Der Remittent sowie jeder Indossatar wird durch den Besitz des mangels Annahme aufgenommenen Protestes ermächtigt, von dem Aussteller und den übrigen Vormännern Sicherheit zu fordern und im Wege des Wechselprozesses darauf zu klagen.

Der Regreßnehmer ist hierbei an die Folgeordnung der Indossamente und die einmal getroffene Wahl nicht gebunden.

Der Beibringung des Wechsels und des Nachweises, daß der Regreßnehmer seinen Nachmännern selbst Sicherheit bestellt habe, bedarf es nicht.

Art. 27. Die bestellte Sicherheit haftet nicht bloß dem Regreßnehmer, sondern auch allen übrigen Nachmännern des Bestellers, insofern sie gegen ihn den Regreß auf Sicherstellung nehmen. Dieselben sind weitere Sicherheit zu verlangen nur in dem Falle berechtigt, wenn sie gegen die Art oder Größe der bestellten Sicherheit Einwendungen zu begründen vermögen.

Art. 28. Die bestellte Sicherheit muß zurückgegeben werden:

1) sobald die vollständige Annahme des Wechsels nachträglich erfolgt ist;
2) wenn gegen den Regreßpflichtigen, welcher sie bestellt hat, binnen Jahresfrist, vom Verfalltage des Wechsels an gerechnet, auf Zahlung aus dem Wechsel nicht geklagt worden ist;
3) wenn die Zahlung des Wechsels erfolgt oder die Wechselkraft desselben erloschen ist.

2. Wegen Unsicherheit des Akzeptanten.

Art. 29. Ist ein Wechsel ganz oder teilweise angenommen worden, so kann in betreff der akzeptierten Summe Sicherheit nur gefordert werden:

1) wenn über das Vermögen des Akzeptanten der Konkurs eröffnet worden ist oder der Akzeptant auch nur seine Zahlungen eingestellt hat;

2) wenn nach Ausstellung des Wechsels eine Exekution in das Vermögen des Akzeptanten fruchtlos ausgefallen ist.

Wenn in diesen Fällen die Sicherheit von dem Akzeptanten nicht geleistet und dieserhalb Protest gegen denselben[39]) erhoben wird, auch von den auf dem Wechsel etwa benannten Notadressen die Annahme nach Ausweis des Protestes nicht zu erhalten ist, so kann der Inhaber des Wechsels und jeder Indossatar gegen Auslieferung des Protestes von seinen Vormännern Sicherstellung fordern (Art. 25—28).[40, 41]) Der bloße Besitz des Wechsels vertritt die Stelle einer Vollmacht, in den Nr. 1 und 2 genannten Fällen von dem Akzeptanten Sicherheitsbestellung zu fordern und, wenn solche nicht zu erhalten ist, Protest erheben zu lassen.

Der Wechselinhaber ist berechtigt, in den Nr. 1 und 2 genannten Fällen auch von dem Akzeptanten im Wege des Wechselprozesses[42]) Sicherheitsbestellung zu fordern.

VII. Erfüllung der Wechselverbindlichkeit.

1. Zahlungstag.

Art. 30. Ist in dem Wechsel ein bestimmter Tag als Zahlungstag bezeichnet, so tritt die Verfallzeit an diesem Tage ein.[43]) Ist die Zahlungszeit auf die Mitte eines Monats gesetzt worden, so ist der Wechsel am 15. dieses Monats fällig. Ist die Zahlungszeit auf Anfang oder ist sie auf Ende eines Monats gesetzt worden, so ist darunter der erste oder letzte Tag des Monats zu verstehen.

Art. 31. Ein auf Sicht gestellter Wechsel ist bei der Vor-

---

39) Im Wohnort, nicht im Domizil, vgl. Note 91 zu Art. 19.

40) Nur in dem Zeitraume vor der Fälligkeit des W, also solange eine Klage auf Zahlung nicht zulässig ist, darf die Bestellung einer besonderen Sicherheit gefordert werden. RG **39** 122.

41) Art. 28 Nr. 2 und 3 findet hierbei Anwendung. Erk. des Ober-Trib. v. 20. III. 71, Striethorst Archiv **81** 236.

42) Nach §§ 602 ff. ZPO, welche trotz § 592 ZPO (der den Urkundenprozeß nur für Ansprüche auf Zahlung einer bestimmten Geldsumme oder Leistung einer bestimmten Qualität anderer vertretbarer Sachen oder Wertpapiere zuläßt) anwendbar sind, vgl. Rehbein WO 8. Aufl. 08 179 Anm. II 2 b.

43) Eine Ausnahme statuieren die Art. 92 (für Sonn- und Feiertage) und Art. 93 (für Kassiertage).

Vgl. auch Art. 98 Nr. 5 (in betreff eigener W).

zeigung fällig.[44]) Ein solcher Wechsel muß bei Verlust des wechselmäßigen Anspruchs gegen die Indossanten und den Aussteller[45]) nach Maßgabe der besonderen im Wechsel enthaltenen Bestimmung und in Ermangelung derselben binnen zwei Jahren nach der Ausstellung zur Zahlung präsentiert werden. Hat ein Indossant auf einem Wechsel dieser Art seinem Indossament eine besondere Präsentationsfrist hinzugefügt, so erlischt seine wechselmäßige Verpflichtung, wenn der Wechsel nicht innerhalb dieser Frist präsentiert worden ist.

Art. 32. Bei Wechseln, welche mit dem Ablauf einer bestimmten Frist nach Sicht oder nach Dato zahlbar sind, tritt die Verfallzeit ein:

1) wenn die Frist nach Tagen bestimmt ist, an dem letzten Tage der Frist; bei Berechnung der Frist wird der Tag, an welchem der nach Dato zahlbare Wechsel ausgestellt oder der nach Sicht zahlbare zur Annahme präsentiert ist, nicht mitgerechnet;
2) wenn die Frist nach Wochen, Monaten oder einem mehrere Monate umfassenden Zeitraume (Jahr, halbes Jahr, Vierteljahr) bestimmt ist, an demjenigen Tage der Zahlungswoche oder des Zahlungsmonats, der durch seine Benennung oder Zahl dem Tage der Ausstellung oder Präsentation entspricht; fehlt dieser Tag in dem Zahlungsmonate, so tritt die Verfallzeit am letzten Tage des Zahlungsmonats ein.

Der Ausdruck „halber Monat" wird einem Zeitraume von 15 Tagen gleichgeachtet. Ist der Wechsel auf einen oder mehrere ganze Monate und einen halben Monat gestellt, so sind die 15 Tage zuletzt zu zählen.

Art. 33. Respekttage[46]) finden nicht statt.

---

44) Die Verjährung läuft von der Vorzeigung ab; erfolgt keine Präsentation, so gilt der W als vom Ablauf der zwei Jahre des zweiten Satzes ab fällig (OHG **14** 31) und die Verjährung läuft von diesem Zeitpunkte ab, z. B. **11** 47.

45) Nicht aber gegen den Akzeptanten und nicht gegen den Aussteller eines eigenen Sichtw. Z. B. OHG **5** 314. Diese bleiben bis zum Ablauf der Verjährungszeit (nach Anm. 44) verhaftet. RG **3** 6.

46) Respekttage, d. h. dem WAkzeptanten nach manchen Rechten zustehende kurze Fristen zur Verbesserung von Irrtümern, Nachlässigkeiten und momentanen Verlegenheiten. OHG **1** 288.

Art. 34. Ist in einem Lande, in welchem nach altem Stile gerechnet wird, ein im Inlande zahlbarer Wechsel nach Dato ausgestellt, und dabei nicht bemerkt, daß der Wechsel nach neuem Stile datiert sei, oder ist derselbe nach beiden Stilen datiert, so wird der Verfalltag nach demjenigen Kalendertage des neuen Stiles berechnet, welcher dem nach altem Stile sich ergebenden Tage der Ausstellung entspricht.

Art. 35. Meß- oder Marktwechsel werden zu der durch die Gesetze des Meß- oder Marktorts bestimmten Zahlungszeit und in Ermangelung einer solchen Festsetzung an dem Tage vor dem gesetzlichen Schlusse der Messe oder des Marktes fällig. Dauert die Messe oder der Markt nur einen Tag, so tritt die Verfallzeit des Wechsels an diesem Tage ein.

2. Zahlung.

Art. 36.[47, 48]) Der Inhaber[49]) eines indossierten Wechsels wird durch eine zusammenhängende, bis auf ihn hinuntergehende

47) Art. 36 kommt in den Fällen des § 222 und § 365 HGB zur entsprechenden Anwendung.

48) Aus den Art. 36, 74, 76 u. 82 WO ergeben sich folgende in Wissenschaft und Rechtsprechung feststehende Sätze:

1. Der Inhaber eines indossierten W wird durch eine zusammenhängende, bis auf ihn hinuntergehende Reihe von Indossamenten als Eigentümer legitimiert. Der Wschuldner ist der Regel nach befugt, sich mit dieser formellen Legitimation des Wgläubigers zu begnügen. Er braucht insonderheit die Echtheit der Indossamente nicht zu prüfen und kann an den formell legitimierten Präsentanten der Urkunde mit befreiender Wirkung zahlen.

2. Die formelle Legitimation begründet indes nur eine Vermutung für den rechtmäßigen, d. h. gutgläubigen Erwerb des W. Der Schuldner kann diese Vermutung entkräften, zwar nicht durch den bloßen Nachweis, daß sich unter den vorangegangenen Wskripturen falsche oder verfälschte befänden, wohl aber durch den Nachweis, daß der formell legitimierte Inhaber den W in bösem Glauben oder in grober Fahrlässigkeit von einem zu dessen Begebung nicht Berechtigten erworben habe.

3. Ist die Bekämpfung des Vorzeigers der Urkunde der Regel nach nur ein Recht des Schuldners, so kann sie unter Umständen auch zu einer Pflicht werden. Insbesondere besteht eine solche Pflicht nach dem allgemeinen Grundsatze von Treu und Glauben im Verkehr gegenüber dem wahren Eigentümer des W. Dies ist aber nur dann der Fall, wenn der Schuldner weiß oder wissen muß, daß der Vorzeiger den W bösgläubig oder grob fahrlässig erworben hat. Leistet der Wschuldner auch beim Vorliegen dieser Voraussetzungen gleichwohl Zahlung an den Präsentanten, so kann er selbst nicht

Reihe von Indossamenten als Eigentümer des Wechsels legitimiert.[50]) Das erste Indossament muß demnach mit dem Namen des Remittenten,[51]) jedes folgende Indossament mit dem Namen desjenigen unterzeichnet sein, welchen das unmittelbar vorhergehende Indossament als Indossatar benennt. Wenn auf ein Blanko-Indossament ein weiteres Indossament folgt, so wird angenommen, daß der Aussteller des letzteren den Wechsel durch das Blanko-Indossament erworben hat. Ausgestrichene Indossamente werden bei Prüfung der Legitimation als nicht geschrieben angesehen. Die Echtheit der Indossamente zu prüfen, ist der Zahlende nicht verpflichtet.[52—60])

Art. 37. Lautet ein Wechsel auf eine Münzsorte, welche am Zahlungsorte keinen Umlauf hat, oder auf eine Rechnungswährung, so kann die Wechselsumme nach ihrem Werte zur Verfallzeit in der Landesmünze gezahlt werden, sofern nicht der Aussteller durch den Gebrauch des Wortes „effektiv" oder eines ähnlichen Zusatzes die Zahlung in der im Wechsel benannten Münzsorte ausdrücklich bestimmt hat.

---

als gutgläubig erachtet werden und läuft Gefahr, dem vindizierenden Eigentümer nochmals Zahlung leisten zu müssen. RG **53** 204.

49) Die Behauptung und der Nachweis der Übergabe des Konossements (W) erscheint deshalb als entbehrlich, weil allemal, wenn ein durch Orderpapier als Gläubiger Legitimierter dasselbe besitzt, vermutet wird, daß er durch Übergabe in den Besitz desselben gelangt sei. RG **4** 145 (147).

50) Die Legitimation ist eine rein formale; es steht dem Akzeptanten nicht zu, dem Inhaber entgegenzustellen, daß dessen Vormanne die zivilrechtliche Befugnis zum Girieren gefehlt habe und deshalb die dem Inhaber erteilte WÜbertragung materiell rechtlich nicht gelte (z. B. daß die Ausstellerin Ehefrau sei). OHG **23** 356.

51) Der Aussteller darf nicht etwa den W noch mit einem besondern, auf den Namen des Remittenten lautenden Giro oder mit einem Blanko-Akzept versehen. RG **47** 126.

52) Auf die Echtheit der Indossamente kommt es nicht an. OHG **2** 281. Es kommt nur darauf an, ob die Indossamente der Form nach in Ordnung sind (nicht z. B. darauf, ob die Personen, welche für eine Gewerkschaft zeichnen, dazu legitimiert sind). OHG **16** 362. RG **50** 23.

53) Ein Indossament, welches sich nicht an den W selbst, bzw. an die vorausgehenden Indossamente anschließt, ist bedeutungslos, ebenso die weiteren Indossamente, welche sich auf ein solches begründen. OHH **15** 168.

54) Der Inhaber eines W ist als dessen Eigentümer legitimiert, wenn nach dem A n b l i c k d e r W U r k u n d e die Reihe der Indossamente ununterbrochen vom Remittenten auf ihn herunterführt; es kommt für diese Legi-

Art. 38. Der Inhaber des Wechsels darf eine ihm angebotene Teilzahlung selbst dann nicht zurückweisen, wenn die Annahme auf den ganzen Betrag der verschriebenen Summe erfolgt ist.

Art. 39. Der Wechselschuldner ist nur gegen Aushändigung des quittierten Wechsels zu zahlen verpflichtet.[61, 62]) Hat der Wechselschuldner eine Teilzahlung geleistet, so kann er nur verlangen, daß die Zahlung auf dem Wechsel abgeschrieben und ihm Quittung erteilt werde.

---

timation lediglich auf den äußerlichen Zusammenhang der als Indossamente sich darstellenden Erklärungen an. RG **55** 47.

55) Der Einwand, daß es die eine in der Reihe der Indossamente als Indossatarin bezeichnete Person gar nicht gegeben habe, ist unzulässig. RG, K **4** 239.

56) Ist ein Vollgiro bis auf den Namen ausgestrichen, so gilt die übrig gebliebene Unterschrift nicht als Blankogiro. OHG **16** 141.

57) Wenn ein Indossatar ein Namensindossament auf den W schreibt, den W aber nicht begibt und das Indossament nicht ausstreicht, so ist er zur Protesterhebung nicht legitimiert. RG **1** 32; **69** 101, wenn dagegen das Indossament nicht einen bestimmten Dritten legitimiert sondern ein Blankoindossament ist, so liegt, da ein solches jeden beliebigen Dritten legitimiert, kein Grund vor, denjenigen, von welchem das Blankoindossament ausgeht, von dieser Legitimation auszuschließen. RG, K **10** 470.

58) Wenn auf ein Prokuraindossament noch ein weiteres undurchstrichenes Prokuraindossament folgt, so ist der für den ersten Indossatar erhobene Protest ungültig. RG **32** 75.

59) Eine vom Protest erhebenden Gläubiger beigefügte, nicht durchstrichene Quittung hindert die Anstellung der WKlage nicht, solche Quittungen werden für den Fall der Zahlung auf die W geschrieben und sind, nachdem dieser Fall nicht eingetreten ist, ohne Bedeutung. RG **7** 67.

60) Ein auf den W gesetzter Quittungsvermerk vernichtet nicht alle Rechte aus dem W; die Frage, ob und inwieweit die Zahlung für den in Anspruch genommenen WVerpflichteten wirkt, hängt von den Umständen des einzelnen Falles ab, insbesondere davon, ob die Zahlung in der Absicht geschehen ist, eine objektive Tilgung der WObligation herbeizuführen, oder ob der Zahlende nur zu dem Zwecke gezahlt hat, um sich selbst von seiner WVerbindlichkeit zu befreien. RG **9** 62.

61) Jedes den WSchuldner verurteilende Erkenntnis enthält stillschweigend die Klausel: „gegen Aushändigung des quittierten W". OHG **11** 67, RG **36** 96 (105) und **37** 1.

62) Auch die Feststellung einer WForderung im Konkurse ist ebenfalls in dem Sinne zu verstehen, daß die Zahlung der auf diese Forderung entfallenden Dividende lediglich gegen Vorlegung des betreffenden W und Abschreibung auf demselben verlangt werden kann. RG **37** 1.

Art. 40. Wird die Zahlung des Wechsels zur Verfallzeit nicht gefordert, so ist der Akzeptant nach Ablauf der für die Protesterhebung mangels Zahlung bestimmten Frist befugt,[67]) die Wechselsumme auf Gefahr und Kosten des Inhabers bei Gericht oder bei einer anderen zur Annahme von Depositen ermächtigten Behörde oder Anstalt niederzulegen.[68, 69]) Der Vorladung des Inhabers bedarf es nicht.

Über die Folge der Konkurseröffnung auf die Wzahlung vgl. § 34 Konk.Ordng.

Die Pfändung von Forderungen aus W wird nach § 831 ZPO dadurch bewirkt, daß der Gerichtsvollzieher diese Papiere in Besitz nimmt.

Prolongationsw. 63—66)

63) Ob durch die Ausstellung eines neuen gleichlautenden W mit verändertem Fälligkeitstermine bei Verfall eines früher ausgestellten und akzeptierten W nur die Zahlungsfrist hat verlängert oder das bestehende Schuldverhältnis durch Begründung eines neuen (durch Novation) hat aufgehoben werden sollen, hängt von den konkreten Verhältnissen ab; ein allgemeiner Satz, daß durch Ausstellung eines solchen Prolongationsw die frühere Wschuld getilgt werde, läßt sich nicht aufstellen. Der Wille, das alte Schuldverhältnis durch Begründung eines neuen aufheben zu wollen (der animus novandi), muß, wenn auch nicht mit ausdrücklichen Worten erklärt, doch deutlich erkennbar gemacht sein. RG **9** 62 (65).

64) Die Pflicht zur Rückgabe eines ohne Verlangen übersendeten Prolongationsw ist eine Holschuld, der Empfänger braucht den W nicht in den Besitz des Absenders zu bringen, sondern hat ihn nur auf Abforderung für ihn bereit zu halten. RG **41** 20 (23).

65) Behält ein Wgläubiger ihm übersandte Prolongationsw, so übernimmt er die Verpflichtung, sie zur Einlösung und zum Ersatz der älteren W zu verwenden (RG **41** 23); verwendet er die W in einem anderen Sinne, als sie gegeben wurden, so eignet er sich etwas an, was ihm nicht gehört, indem er die W, die ihm unter einer aufschiebenden Bedingung übergeben sind, obgleich er diese Bedingung selbst vereitelt, als sein freies Eigentum behandelt. Er hat somit die W nicht gutgläubig erworben und ist mit seinem Anspruch abzuweisen. RG, K **4** 246.

66) Die dem Akzeptanten bewilligte Stundung macht den Protest nicht ungültig und schließt den Regreß gegen die andern Wschuldner nicht aus. RG **61** 182.

67) Aber nicht verpflichtet; die Unterlassung der Deposition kann daher eine Pflicht zur Zahlung von Verzugszinsen nicht begründen, die WO enthält keine Bestimmung, wonach unter allen Umständen und ohne Rücksicht auf die Präsentation des W vom Verfalltage an die Wsumme verzinst werden müsse; vielmehr ist die Pflicht zur Zinszahlung vom Nachweis des Zahlungsverzuges bedingt; der Schuldner darf abwarten, daß der Inhaber des W unter Präsentation desselben am Zahlungsorte Zahlung fordere. OHG **5** 373.

VIII. Regreß mangels Zahlung.

Art. 41. Zur Ausübung des bei nicht erlangter Zahlung ſtatthaften Regreſſes gegen den Ausſteller und die Indoſſanten iſt erforderlich:

1) daß der Wechſel zur Zahlung präſentiert worden iſt und
2) daß ſowohl dieſe Präſentation als die Nichterlangung der Zahlung durch einen rechtzeitig darüber aufgenommenen Proteſt dargetan wird.

Die Erhebung des Proteſtes iſt am Zahlungstage zuläſſig, ſie muß aber ſpäteſtens am zweiten Werktage nach dem Zahlungstage geſchehen. [70—77])

---

68) Wenn der Bekl. alsbald nach der Vorladung bzw. im Termine zahlt, trifft ihn kein Verzug (vorausgeſetzt, daß nicht präſentiert worden iſt), und er hat weder Verzugszinſen noch Koſten zu tragen. OHG **14** 30.

Vgl. auch Art. 98 Nr. 5.

69) Auch in Wſachen kann (außer dieſer für den Fall nicht rechtzeitiger Einforderung der Wſumme geregelten Hinterlegung) auch eine Hinterlegung auf Grund der Beſtimmungen des bürgerlichen Rechts, insbeſondere alſo auch die Hinterlegung wegen entſchuldigter Ungewißheit über die Perſon des Gläubigers in Frage kommen. RG **53** 204 (209).

70) Über Form und Inhalt der Proteſturkunde ſiehe Art. 87 bis 89; über Ort und Zeit der Präſentation und der Proteſterhebung ſiehe Art. 91 bis 93, bei eigenen W Art. 98 Nr. 10, Art. 99.

71) Bei Berechnung der Proteſttage werden die Sonn- und Feiertage nicht mitgezählt. Ober-Trib., Striethorſt **66** 350.

72) Die, wenn auch durch vis major verurſachte, Verſpätung des Proteſtes hindert den Regreß. OHG **1** 288.

73) Wenn der Akzeptant auf einen ſpäteren Zahlungstag angenommen hat, muß nach dem vom Ausſteller geſchriebenen Tage Proteſt erhoben werden. OHG **21** 151.

74) Die Proteſturkunde iſt nicht bloßes Beweismittel, ſondern ein zur Begründung der WRegreßklage unerläßlicher Solennitätsakt, das einzige Mittel, die Präſentation und Nichtzahlung zu konſtatieren; die Regreßklage iſt auch dann nicht zuzulaſſen, wenn die Parteien über die Tatſache der Präſentation und der Erhebung des Proteſtes einverſtanden ſind, die Urkunde aber dem Geſetze nicht entſpricht. OHG **7** 184; die Proteſturkunde muß deshalb vom Kläger beigebracht werden, ſonſt iſt ſeine Klage unbegründet, wenn auch Beklagter keinen Einwand daraus erhebt. Z. B. OHG **18** 271.

75) Iſt die Proteſturkunde verloren gegangen, ſo kann anderweit nachgewieſen werden, daß ſie vorhanden geweſen ſei; enthält die Ausfertigung Mängel, ſo ſteht dies nicht entgegen, wenn nur die Freiheit der Originalurkunde von jenen Mängeln anderweit bewieſen wird. OHG **23** 410.

Art. 42. Die Aufforderung, keinen Protest erheben zu lassen („ohne Protest", „ohne Kosten" rc.) gilt als Erlaß des Protestes, nicht aber als Erlaß der Pflicht zur rechtzeitigen Präsentation.[78]) Der Wechselverpflichtete, von welchem jene Aufforderung ausgeht, muß die Beweislast übernehmen, wenn er die rechtzeitig geschehene Präsentation in Abrede stellt.[79, 80]) Gegen die Pflicht zum Ersatze der Protestkosten schützt jene Aufforderung nicht.

Art. 43.[81, 82]) Domizilierte Wechsel sind dem Domiziliaten oder, wenn ein solcher nicht benannt ist, dem Bezogenen selbst an demjenigen Orte, wohin der Wechsel domiziliert ist, zur Zahlung zu

---

76) Der Protest und die Präsentation ist nur dann gehörig erfolgt, wenn er durch eine nach Art. 36 legitimierte Person bewirkt ist, die Korrektheit des Protestes in dieser Richtung ist von Amts wegen zu prüfen. OHG **18** 271.

77) Präsentation und Protesterhebung darf nicht gegen den Konkursverwalter, sondern muß gegen den Schuldner selbst erhoben werden. OHG **24** 22 (Plenarentscheidung).

78) Es darf auch diese erlassen werden. Z. B. OHG **14** 315.

79) Der Erlaß steht nur der Person entgegen, welche denselben ausgesprochen hat, ob daher der Erlaß vom Aussteller oder von irgendeinem anderen Regreßpflichtigen ausgeht, ob er über dem ganzen W oder bei der Unterschrift des Ausstellers steht, kommt anderen Regreßpflichtigen gegenüber, welche nicht selbst den gleichen Erlaß ausgesprochen haben, nicht in Betracht. OHG **17** 262 (266).

80) Der (nicht auf dem W stehende) Erlaß kommt nur dem Wgläubiger zustatten, mit dem der Erlaßvertrag (der übrigens formlos, also auch mündlich geschlossen werden kann) geschlossen ist oder welcher in denselben sukzediert ist, nicht aber dem Giratar des Gläubigers. OHG **23** 217.

Wer den Protest erlassen hat, haftet in demselben Umfange, wie er haften würde, wenn der Protest erhoben wäre.

Über Verjährung bei erlassenem Protest siehe Art. 78 Note 48.

81) Die Nov. vom 30. V. 08 hat die früher hinter dem 1. Abs. folgenden Worte „Wird die rechtzeitige Protesterhebung beim Domiziliaten verabsäumt, so geht dadurch der wmäßige Anspruch nicht nur gegen den Aussteller und die Indossanten, sondern auch gegen den Akzeptanten verloren" gestrichen, so daß auch bei DomizilW der Akzeptant verhaftet bleibt, wenn kein Protest erhoben wird. Für die vor dem 1. X. 08 ausgestellten W bleiben jedoch nach § 6 der Nov. die bisherigen Vorschriften in Kraft, nach denen der wmäßige Anspruch gegen den Akzeptanten oder gegen den Aussteller des eigenen W verloren geht, wenn die rechtzeitige Protesterhebung beim Domiziliaten verabsäumt wird. S. a. Anm. 92.

82) Vgl. Art. 24.

präsentieren und, wenn die Zahlung unterbleibt, dort zu protestieren.[83—94])

Ein Wechsel, dessen Zahlung am Wohnorte des Bezogenen

---

83) Ein W ist nur dann Domizilw, wenn in ihm vom Aussteller ein vom Wohnort des Bezogenen verschiedener Zahlungsort angegeben ist. Die bloße Angabe, daß bei einer anderen Person zu zahlen sei, reicht nicht hin, um einen Domizilw zu begründen. OHG **5** 99 (sog. uneigentlicher Domizilw, Zahlstellenw).

84) Der Vermerk: „in München zahlbar S.strasse 15 Hotel Reichshof" enthält nicht die Benennung eines bestimmten Domiziliaten. RG **48** 319.

85) Es darf nur eine Person gegeben sein, bei welcher (abgesehen vom Notfalle) die Wzahlung gefordert werden kann; Angabe mehrerer Personen, zwischen denen der WInhaber die Wahl treffen könnte, ist unzulässig. RG **25** 56 (62).

86) Der Zusatz bei Benennung des in F. wohnhaften Trassaten: „zahlbar an der Gewerkskasse in L." kann nur dahin gedeutet werden: „zahlbar an dieser Kasse durch den hierzu berufenen Vertreter oder Angestellten der Genossenschaft" und enthält mithin einen Domizilvermerk. RG **1** 17. Es mag unerörtert bleiben, ob dieser Entscheidung beizutreten ist. Auf keinen Fall darf der Ausdruck: zahlbar auf einem Kontor, demjenigen: zahlbar an einer Kasse gleichgestellt werden. Die Formel läßt sich nur auf den Zahlungsort beziehen und läßt die Frage, wer Zahlung zu leisten habe, durch wen solche erfolgen solle, unberührt. RG **28** 100 (103).

87) Daß die Worte: „zahlbar bei" nach einem im Wverkehr allgemein bestehenden Sprachgebrauche geradeso wie der Ausdruck „zahlbar durch" die Benennung eines Domiziliaten enthält, ist in den Entscheidungen des OHG **5** 126 und **9** 420 anerkannt; auch hat RG **1** 17 ausgesprochen, daß mit der Bezeichnung „zahlbar an einer Kasse" diese als Domiziliatin genannt, „an" mit „durch" oder „bei" gleichbedeutend sei, da jenes keinen anderen Sinn haben könne, als den, daß an der Kasse des Geldinstitutes durch eine hierzu bestellte Persönlichkeit Zahlung geleistet werden solle. Es mag unerörtert bleiben, ob der letzterwähnten Entscheidung beizutreten ist. RG **28** 100.

88) Die WO versteht unter DomizilW in den Art. 24 u. 43 nur solche, auf welchen der Aussteller einen von dem Wohnorte des Bezogenen verschiedenen Zahlungsort angegeben hat, und sie will die vom Bezogenen beim Akzepte gegebene Hinzufügung eines Domizils nicht nach den Regeln der DomizilW, sondern nach denen der beschränkten Akzepte behandelt wissen. OHG **25** 122.

89) Ist der W erst nach der Akzeptierung ohne Wissen des Akzeptanten mit dem Domizilvermerk versehen worden, so ist der W dem Akzeptanten gegenüber kein DomizilW. RG **28** 121.

90) Jeder sonst Regreßpflichtige darf seine Haftung ablehnen, wenn nicht wenigstens auch ein Protest dort rechtzeitig erhoben worden ist, wo dieser nach dem Inhalte, den der W zu der Zeit hatte, als seine WUnterschrift gegeben wurde, bzw. die derselbe nachträglich mit seiner Zu-

durch eine andere Person erfolgen soll, ist dieser Person zur Zahlung zu präsentieren und, wenn die Zahlung unterbleibt, gegen sie zu protestieren.[95])

Art. **44**[96]) Zur Erhaltung des Wechselrechts gegen den Ak-

---

stimmung erhalten hat, zu erheben war; eine etwaige nachträgliche Verfälschung des Inhaltes könnte die Bedingungen seiner Haftung natürlich nicht zu seinem Nachteile ändern. Dagegen würde man andererseits zu weit gehen, falls man die wrechtliche Haftung aller Regreßpflichtigen dann schlechtweg an die Erhebung eines Protestes beim Akzeptanten an dessen Wohnort knüpfen wollte, wenn der etwa auf dem W befindliche Domizilvermerk nicht vom Aussteller herrührt, sondern später von einem anderen Wverpflichteten hinzugefügt ist. RG **32** 36 (vgl. Anm. 43 zu Art. 75).

91) Auch der Domiziliat, welcher Girant des W ist, muß vor der Zahlung Protest gegen sich erheben lassen, wenn er den Anspruch aus dem W erhalten will. OHG **12** 114. Dagegen: Der Domiziliat kann den W als Indossant einlösen, ohne daß der W vorher protestiert worden ist. Ob er vor oder bei der Bezahlung seine Absicht, nicht für den Bezogenen zu zahlen, sondern den W als Indossatar einzulösen, besonderen Ausdruck geben müsse und ohnedem den W als für den Bezogenen gezahlt zu gelten habe, kann unerörtert bleiben. RG **36**, 96 (100).

92) Für die vor dem 1. X. 08 ausgestellten DomizilW kommen in Betracht: Zur Erhaltung des wmäßigen Anspruchs gegen den Akzeptanten bedarf es des Protestes beim (benannten) Domiziliaten selbst dann, wenn bei Verfall der Domiziliat zugleich WInhaber (Aussteller, Giratar) ist; es macht keinen Unterschied, ob ein beim Aussteller domizilierter W überhaupt nicht giriert worden ist. OHG **11** 188 (Präjud. 14). Der Aussteller eines domizilierten W kann gegen den Akzeptanten nicht klagen, wenn der W zwar rechtzeitig und auf Antrag des Ausstellers protestiert wurde, dieser aber zur Zeit der Protesterhebung hierzu nicht nach nach Art. 36 WO legitimiert war. RG **27** 41 (der Aussteller muß also vor Protesterhebung die Giros durchstreichen oder vom Inhaber Protest erheben lassen und dann erst W und Protest einlösen). Wenn kein Domiziliat genannt ist, mithin der Akzeptant als solcher gilt, bedarf es keines Protestes. OHG **20** 414.

93) Eine Benachrichtigung (nach Art. 45) an den Akzeptanten ist nicht vorgeschrieben. OHG **14** 327. RG **1** 45.

94) Protestat ist der Domiziliat und nur nach dessen, nicht des Akzeptanten Anwesenheit ist vom Protesterheber zu fragen. OHG **18** 327.

95) Durch diese durch die Nov. v. 08 eingefügte Bestimmung sollen DomizilW und die sogenannten ZahlstellenW in bezug auf die Form der Protesterhebung und auf die Folgen der Unterlassung der Protesterhebung gleichgestellt werden. Entw. S. 6. ZahlstellenW d. h. solche W, die zwar am Wohnorte des Bezogenen aber bei einer anderen Person als dem Bezogenen zahlbar sind. Entw. zur Nov. v. 08 S. 16.

96) Die Nov. v. 08 hat entsprechend dem jetzigen Wortlaut des Art. 44

zeptanten bedarf es weder der Präsentation am Zahlungstage noch der Erhebung eines Protestes.

Art. 45. Der Inhaber eines mangels Zahlung protestierten Wechsels ist verpflichtet,[97—99] seinen unmittelbaren Vormann innerhalb zweier Tage nach dem Tage der Protesterhebung von der Nichtzahlung des Wechsels schriftlich zu benachrichtigen, zu welchem Ende es genügt, wenn das Benachrichtigungsschreiben innerhalb dieser Frist zur Post gegeben ist. Jeder benachrichtigte Vormann muß binnen derselben, vom Tage des empfangenen Berichts zu berechnenden Frist seinen nächsten Vormann in gleicher Weise benachrichtigen. Der Inhaber oder Indossatar, welcher die Benachrichtigung unterläßt oder dieselbe nicht an den unmittelbaren Vormann ergehen läßt, wird hierdurch den sämtlichen oder den übersprungenen Vormännern zum Ersatze des aus der unterlassenen Benachrichtigung entstandenen Schadens verpflichtet. Auch verliert derselbe gegen diese Personen den Anspruch auf Zinsen und Kosten,[100] sodaß er nur die Wechselsumme zu fordern berechtigt ist.

Art. 46. Kommt es auf den Nachweis der dem Vormanne rechtzeitig gegebenen schriftlichen Benachrichtigung an, so genügt zu diesem Zwecke der durch ein Postattest geführte Beweis, daß ein Brief von dem Beteiligten an den Adressaten an dem angegebenen Tage abgesandt ist, sofern nicht dargetan wird, daß der angekommene Brief einen anderen Inhalt gehabt hat. Auch der Tag des Empfanges der erhaltenen schriftlichen Benachrichtigung kann durch ein Postattest nachgewiesen werden.

Art. 47. Hat ein Indossant den Wechsel ohne Hinzufügung einer Ortsbezeichnung[1] weiter begeben, so ist der Vormann desselben von der unterbliebenen Zahlung zu benachrichtigen.

---

hinter „bedarf es" die folgenden Worte: „mit Ausnahme des im Art. 43 erwähnten Falles" gestrichen.

97) Daß die Notifikation erfolgt sei, die Behauptung ist zur Begründung der Klage nicht notwendig, die Unterlassung muß gerügt werden. OHG **2** 118, dann muß sie aber Kläger beweisen. OHG **16** 362.

98) Der Akzeptant hat keinen Anspruch auf eine Benachrichtigung, auch nicht bei einem domizilierten W, siehe Art. 43 Anm. 93.

99) Nach der in Art. 47 gegebenen Vorschrift bedarf es in der Praxis oft keiner Benachrichtigung.

100) Unter Kosten ist die Provision mitverstanden (vgl. Art. 48). RG **14** 105.

Art. 48. Jeder Wechselschuldner hat das Recht, gegen Erstattung der Wechselsumme nebst Zinsen und Kosten die Auslieferung des quittierten Wechsels und des wegen Nichtzahlung erhobenen Protestes von dem Inhaber zu fordern.[2—4])

Art. 49. Der Inhaber eines mangels Zahlung protestierten[5]) Wechsels kann die Wechselklage gegen alle Wechselverpflichtete oder auch nur gegen einige oder einen derselben anstellen, ohne dadurch seinen Anspruch gegen die nicht in Anspruch genommenen Verpflichteten zu verlieren. Derselbe ist an die Reihenfolge der Indossamente nicht gebunden.

Art. 50. Die Regreßansprüche des Inhabers, welcher den Wechsel mangels Zahlung hat protestieren lassen, beschränken sich auf:

1) die nicht bezahlte Wechselsumme nebst sechs[6]) Prozent jährlicher Zinsen[7]) vom Verfalltag ab;

---

1) Das Ausstellungsdatum ersetzt nicht die Ortsbezeichnung im Giro des Ausstellers. OHG **18** 138.

2) Der Akzeptant, welcher nach Zahlung eines Teiles der Regreßsumme durch einen Regressaten den Rest zahlt, darf nicht Aushändigung des W, sondern nur Abschreibung der von ihm geleisteten Zahlung auf dem W und Quittung auf einer Abschrift des W verlangen. Der W ist vom Inhaber zur Verfügung seines Vormannes zu halten. RG **4** 58.

3) Dem Mitaussteller eines (Eigen=) W als solchem steht, wenn er seiner WPflicht durch Zahlung an den Inhaber genügt, nach den Normen der WO Art. 48, 98 dem Inhaber gegenüber nur das Recht zu, gegen jene WZahlung die Aushändigung des quittierten W zu fordern. Nach den Normen des Preußischen ALR steht ihm ein Recht auf Übertragung der Forderung des Gläubigers nicht zu. RG **8** 46.

4) Bei WForderungen wirkt die Zahlung nicht so, wie bei gewöhnlichen Forderungen. Ungeachtet der Zahlung besteht die WForderung weiter, wenn die WUrkunde unzerstört und ohne Quittungsvermerk im Besitze dessen verbleibt, der WGläubiger geworden war. Gegen diesen erwächst nur eine Einrede der Arglist, wenn er sein formales Recht dazu mißbraucht, das bereits Empfangene noch einmal zu fordern. RG **61** 5.

5) Oder, falls der Protest erlassen ist, auch eines nicht protestierten W.

6) Man muß annehmen, daß (in der WOrdnung) für Wschulden überhaupt das gesetzliche Verzugsinteresse auf 6% festgestellt ist. OHG **1** 251. Wegen der vom Akzeptanten zu zahlenden 6% Zinsen s. Note 29 zu Art. 23.

7) Diese Zinsen sind keine Verzugszinsen, sondern ein vom Gesetz festgestellter Faktor des Interesses des Gläubigers an dem Garantieversprechen des Indossanten. OHG **6** 155.

Vgl. Art. 78 (Verjährung des Regresses).

2) die Protestkosten und anderen Auslagen;

3) eine Provision von ein Drittel Prozent.

Die vorstehenden Beträge müssen, wenn der Regreßpflichtige an einem anderen Orte als dem Zahlungsorte wohnt, zu demjenigen Kurse gezahlt werden, welchen ein vom Zahlungsort auf den Wohnort des Regreßpflichtigen gezogener Wechsel auf Sicht hat. Besteht am Zahlungsorte kein Kurs auf jenen Wohnort, so wird der Kurs nach demjenigen Platze genommen, welcher dem Wohnorte des Regreßpflichtigen am nächsten liegt. Der Kurs ist auf Verlangen des Regreßpflichtigen durch einen unter öffentlicher Autorität ausgestellten Kurszettel oder durch das Attest eines vereideten Mäklers oder in Ermangelung derselben durch ein Attest zweier Kaufleute zu bescheinigen.

Art. **51.** Der Indossant, welcher den Wechsel eingelöst oder als Rimesse erhalten hat,[8—10]) ist von einem früheren Indossanten oder von dem Aussteller zu fordern berechtigt:

1) die von ihm gezahlte oder durch Rimesse berichtigte Summe nebst sechs[6]) Prozent jährlicher Zinsen[7]) vom Tage der Zahlung;

2) die ihm erstandenen Kosten;

3) eine Provision von ein Drittel Prozent.[11])

---

8) Der Kläger braucht nicht die Zahlung an seinen Nachmann zu beweisen; aus seinem Besitz des W und Protestes entsteht die Vermutung, daß er den im Regreß gegen ihn vorgehenden Hintermann in dem Umfange befriedigt hat, in welchem er zur Einlösung des W verbunden war. Nur die Höhe der Nebenforderungen, soweit solche aus dem W und Protest und dem Gesetze sich nicht ergibt, hat Kläger besonders darzutun. OHG **14** 327. RG, K **1** 69.

9) Die Art, wie ein Indossant seinen Nachmann befriedigt, ist ohne Bedeutung; insbesondere ist Barzahlung nicht nötig, um ihm den Regreß gegen seinen Vormann zu sichern. RG, K **1** 69.

10) Der Anspruch des Indossanten, welcher den von ihm begebenen W im Regreßwege wieder eingelöst hat, sowohl gegen die Vormänner, wie gegen den Akzeptanten, ist nicht als ein erst mit der Einlösung erworbener anzusehen, hat vielmehr seinen Rechtsgrund in demjenigen Wnexus, in welchen der Indossant selbst beim Umlauf als Berechtigter getreten war. Der hierdurch für den Indossanten begründete Anspruch ist durch die Weiterbegebung nicht erloschen, vielmehr an die Wiedereinlösung desselben nur als eine Voraussetzung seiner Geltendmachung geknüpft zu erachten. OHG **24** 1 (Plenarbeschl.), ebenso RG, vgl. Note 17 zu Art. 55.

11) Zinsen, Kosten und Provision, welche außer der Wsumme gefordert

Die vorstehenden Beträge [12]) müssen, wenn der Regreßpflichtige an einem anderen Orte als der Regreßnehmer wohnt, zu demjenigen Kurse gezahlt werden, welchen ein vom Wohnorte des Regreßnehmers auf den Wohnort des Regreßpflichtigen gezogener Wechsel auf Sicht hat. Besteht im Wohnorte des Regreßnehmers kein Kurs auf den Wohnort des Regreßpflichtigen, so wird der Kurs nach demjenigen Platze genommen, welcher dem Wohnorte des Regreßpflichtigen am nächsten liegt. Wegen der Bescheinigung des Kurses kommt die Bestimmung des Artikel 50 zur Anwendung.

Art. 52. Durch die Bestimmungen der Artikel 50 und 51 Nr. 1 und 3 wird bei einem Regreß auf einen ausländischen Ort die Berechnung höherer dort zulässiger Sätze nicht ausgeschlossen.

Art. 53. Der Regreßnehmer kann über den Betrag seiner Forderung einen Rückwechsel auf den Regreßpflichtigen ziehen. Der Forderung treten in diesem Falle noch die Mäklergebühren für Negozierung des Rückwechsels sowie die etwaigen Stempelgebühren hinzu. Der Rückwechsel muß auf Sicht zahlbar und unmittelbar (a drittura) gestellt werden.

Art. 54. Der Regreßpflichtige ist nur gegen Auslieferung des Wechsels, [13]) des Protestes und einer quittierten Retourrechnung Zahlung zu leisten verbunden.

Art. 55. [14]) Jeder Indossant, der einen seiner Nachmänner

---

werden, sind für die Wertsberechnung als Nebenforderungen anzusehen, § 4 ZPO. Zur Berücksichtigung solcher Nebenforderungen genügt nach § 605 der ZPO, daß sie glaubhaft gemacht sind.

12) Die Prozeßkosten, welche ihm durch die Regreßklage seines Vormannes entstanden sind, darf er nicht mit einfordern. OHG **24**, 88.

Vgl. Art. 79 (Verjährung des Regresses).

13) Unversehrten; ist das Akzept durch Versehen oder Zufall gestrichen, so ist der Regreß nicht zulässig, OHG **11** 218, ebenso nicht, wenn das Akzept durch Verjährung erloschen ist. RG **9** 22.

14) Nach der herrschenden Meinung ist, wer den W im Regreßwege eingelöst hat, schon durch den Besitz des W und Protestes zur Regreßklage legitimiert. Dies gilt auch, wenn nach der Protesterhebung Indossamente durchstrichen sind. Es besteht die Vermutung, daß der den Erfordernissen des neuen Gesetzes äußerlich genügende Protest, den der Inhaber eines rückläufigen W vorlegt, im Auftrage eines legitimierten Inhabers erhoben ist, sofern sich aus dem W und Protest ergibt, daß die Legitimation zur Zeit der Protesterhebung vorhanden gewesen sein kann und nur nachträglich durch Ausübung der Befugnis aus Art. 55 weggefallen ist. RG, R **10** 324.

befriedigt hat, kann sein eigenes und seiner Nachmänner Indossament ausstreichen.[15–18])

IX. Intervention.*)

1. Ehrenannahme.[19])

Art. 56. Befindet sich auf einem mangels Annahme protestierten Wechsel eine auf den Zahlungsort lautende[20]) Notadresse, so muß, ehe Sicherstellung verlangt werden kann, die Annahme von der Notadresse gefordert werden. Unter mehreren Notadressen

---

15) Wenn er es unterläßt, so hat sein Recht dazu keinen Eintrag erlitten. OHG **7** 78. RG **41** 412. Dies findet auch Anwendung, wenn bei stattgehabter WIntervention der Honorat den W von dem Ehrenzahler eingelöst hat. RG **12** 131.

16) Der Indossatar (auch der Ehrenzahler und der Honorat; betreffs des letzteren siehe Note 26 zu Art. 63) kann also ohne diese Streichung klagen und weiter begeben; es ist zu beachten, daß dies nur für den im Besitz des Protestes befindlichen, durch dessen Inhalt als Indossatar legitimierten Inhaber gilt; wer nach Verfall den unprotestierten W von seinem Nachmanne einlöst, muß die nachfolgenden Giros durchstreichen, um sich zur Weiterbegebung und zur Klage gegen den Akzeptanten (die Indossanten können in diesem Falle mangels Protestes nicht verklagt werden) zu legitimieren. Vgl. OHG **14** 152.

In betreff des Honoraten bei Intervention siehe Anm. 26 zu Art. 63. Wegen Benutzung von Blanko-Indossamenten siehe Art. 16 Anm. 80.

17) Wenn der befriedigte Nachmann den W samt Protest an denjenigen zurückgibt, welcher ihn befriedigt hat, hört er auf Gläubiger aus dem W und Eigentümer der WUrkunde zu sein; das eigene auf dem Indossamente seines Vormannes beruhende Gläubigerrecht des einlösenden Indossanten wird durch die Wiedereinlösung des W und dessen Rückempfang wieder lebendig. RG **34** 50.

(Eine nachträglich erfolgte Zession des Nachmannes, durch welche dieser die Rechte aus dem von ihm gegen den Akzeptanten erstrittenen Urteile an den Vormann übertragen hatte, ist für gegenstandslos erklärt worden.) Vgl. Note 10 zu Art. 51.

* Beispiel eines W mit Notadresse.

> Berlin, den 15. April 1910.
> Am 10. August 1910 zahlen Sie Herrn Ernst Kraft in Berlin gegen diesen Wechsel elfhundert Mark.
> Herrn Otto Schulze in Berlin. Paul Meyer.
> zahlbar bei der Deutschen Bank, falls bei der Dresdner Bank.

Notadresse ist hier die Dresdner Bank.

gebührt derjenigen der Vorzug, durch deren Zahlung die meisten Verpflichteten befreit werden.

Art. 57. Die Ehrenannahme von seiten einer nicht auf dem Wechsel als Notadresse benannten Person braucht der Inhaber nicht zuzulassen.

Art. 58. Der Ehrenakzeptant muß sich den Protest mangels Annahme gegen Erstattung der Kosten aushändigen und in einem Anhange zu demselben die Ehrenannahme bemerken lassen. Er muß den Honoraten unter Übersendung des Protestes von der geschehenen Intervention benachrichtigen und diese Benachrichtigung mit dem Protest innerhalb zweier Tage nach dem Tage der Protesterhebung zur Post geben. Unterläßt er dies, so haftet er für den durch die Unterlassung entstehenden Schaden.

Art. 59. Wenn der Ehrenakzeptant unterlassen hat, in seinem Akzepte zu bemerken, zu wessen Ehren die Annahme geschieht, so wird der Aussteller als Honorat angesehen.

Art. 60. Der Ehrenakzeptant wird den sämtlichen Nachmännern des Honoraten durch die Annahme wechselmäßig verpflichtet. Diese Verpflichtung erlischt, wenn dem Ehrenakzeptanten der Wechsel nicht spätestens am dritten Werktage nach dem Zahlungstage zur Zahlung vorgelegt wird.

Art. 61. Wenn der Wechsel von einer Notadresse oder einem anderen Intervenienten zu Ehren angenommen wird, so haben der Inhaber und die Nachmänner des Honoraten keinen Regreß auf Sicherstellung. Derselbe kann aber von dem Honoraten und dessen Vormännern geltend gemacht werden.

---

18) Erfolgte die Zahlung unter der Bedingung, daß der gezahlte Betrag zurückgegeben werden sollte, wenn von einem anderen WSchuldner Zahlung erlangt werden könnte, oder überließ der Zahlende die ihm infolge der Zahlung zustehenden Rechte dem bisherigen WInhaber, so fordert dieser nicht zum zweitenmal, was ihm selbst zukommt, wenn er der getroffenen Vereinbarung entsprechend einen anderen WSchuldner in Anspruch nimmt und der letztere kann sich deshalb auf die Zahlung nicht berufen. RG, K **5** 314.

19) Die Ehrenannahme ist als Erklärung, eine WRegreßschuld (nicht die Schuld des Bezogenen) zahlen zu wollen, anzusehen. RG **70** 350.

20) Das heißt: Notadressen, bei welchen ein anderer Ort als der Zahlungsort benannt ist, dürfen nicht berücksichtigt werden; nicht aber: daß die Adresse des Zahlungsortes vermerkt sein muß; es wird vielmehr, wenn kein anderer Ort bezeichnet ist, angenommen, Adressat sei im Zahlungsort des W aufzusuchen. OHG **11** 298.

2. Ehrenzahlung.

Art. 62. Befinden sich auf dem von dem Bezogenen nicht eingelösten Wechsel oder der Kopie Notadressen [21]) oder ein Ehrenakzept, welche auf den Zahlungsort [22]) lauten, so muß der Inhaber den Wechsel spätestens am dritten Werktage nach dem Zahlungstage den sämtlichen Notadressen und dem Ehrenakzeptanten zur Zahlung vorlegen und den Erfolg im Proteste mangels Zahlung oder in einem Anhange zu demselben bemerken lassen. Unterläßt er dies, so verliert er den Regreß gegen den Adressanten [23]) oder Honoraten und deren Nachmänner. Weist der Inhaber die von einem anderen Intervenienten angebotene Ehrenzahlung zurück, so verliert er den Regreß gegen die Nachmänner des Honoraten.

Art. 63. Dem Ehrenzahler muß der Wechsel und der Protest mangels Zahlung gegen Erstattung der Kosten ausgehändigt werden. Er tritt durch die Ehrenzahlung in die Rechte des Inhabers (Art. 50 und 52) gegen den Honoraten, dessen Vormänner und den Akzeptanten. [24—28])

---

21) Eine Notadresse ist ungültig, wenn der Bezogene oder eine dritte, nicht im Wverbande stehende Person die Notadresse beigesetzt hat. Dies nachzuweisen ist aber Sache desjenigen, der auf eine solche Behauptung Rechte gründet; denn bei einem äußerlich unverdächtigen W ist für die wmäßigen Rechte und Pflichten in erster Linie die Gestalt maßgebend, die der W an sich trägt. RG **67** 295 (299).

22) Vgl. Anm. 20 zu Art. 56.

23) Wenn im W nichts anderes angegeben ist, gilt der Aussteller als Adressant, der Akzeptant bleibt also verhaftet. OHG **11** 298.

Der Aussteller kann sich selbst als Notadressat bezeichnen (dann muß ihm der W protestiert innerhalb der Protestfrist zur Zahlung vorgelegt werden). OHG **20** 164.

Vgl. auch Art. 98 Nr. 7.

24) Der Intervenient braucht nur gegen die Aushändigung des W und des Protestes zu zahlen; es muß deshalb, wenn nicht gleich bei der ersten Präsentation, welche ohne die Vorzeigung des Protestes erfolgen kann, der Adressat erklärt: er zahle nicht, nochmals unter Vorlegung des Protestes Zahlung verlangt werden, wenn richtige Präsentation stattgefunden haben soll. OHG **20** 114. RG **67** 295. Gibt also bei der ohne Vorzeigung des Protestes stattfindenden Präsentation der Adressat keine Erklärung ab oder wird er nicht angetroffen, so muß nochmals unter Vorlegung des Protestes Zahlung verlangt und bei Nichtzahlung ein zweiter (Konter=) Protest erhoben werden; ebenso wenn der Adressat die früher versprochene Zahlung nicht leistet.

25) Der Intervenient muß die Ordnungsmäßigkeit des Protestes und

Art. 64. Unter mehreren, welche sich zur Ehrenzahlung erbieten, gebührt demjenigen der Vorzug, durch dessen Zahlung die meisten Wechselverpflichteten befreit werden. Ein Intervenient, welcher zahlt, obgleich aus dem Wechsel oder Protest ersichtlich ist, daß ein anderer, dem er hiernach nachstehen müßte, den Wechsel einzulösen bereit war, hat keinen Regreß gegen diejenigen Indossanten, welche durch Leistung der von dem anderen angebotenen Zahlung befreit worden wären.

Art. 65. Der Ehrenakzeptant, welcher nicht zur Zahlungsleistung gelangt, weil der Bezogene oder ein anderer Intervenient bezahlt hat, ist berechtigt, von dem Zahlenden eine Provision von $^1/_3$ Prozent zu verlangen.

X. Vervielfältigung eines Wechsels.[29, 30])

1. Wechselduplikate.

Art. 66. Der Aussteller eines gezogenen Wechsels ist verpflichtet, dem Remittenten auf Verlangen mehrere gleichlautende

---

im Falle des Art. 64 weiter prüfen, ob etwa ein anderer Intervenient, der zahlungsbereit ist, mehr Wverpflichtete befreien würde als er selbst. RG **67** 295, 297.

26) Der Honorat bedarf keines Giros seitens des Ehrenzahlers, er legitimiert sich durch Vorlegung des W und durch den Protest; es muß dann angenommen werden, daß er seiner Regreßpflicht dem Ehrenzahler gegenüber Genüge geleistet hat; ob er die bedeutungslos gewordenen Giros ausgestrichen hat oder nicht, ist gleichgültig. (Vgl. Art. 55.) OHG **12** 47.

27) Wenn der Aussteller den mangels Zahlung protestierten W als Notadressat bezahlt, so erwirbt er keinerlei Regreßrechte, sondern er tritt nur wieder in seine Rechte als Aussteller. Will er den W von neuem übertragen, so ist dies eine neue Begebung nach dem Protest mangels Zahlung. Art. 16 Abs. 2 WO. OHG **6** 162.

28) Der Domiziliat, der unter dem Vorbehalte, daß vom Akzeptanten rechtzeitige Deckung bei ihm eingehe, den W an den Inhaber gezahlt hat, kann nicht beim Ausbleiben der Deckung durch seine einseitige Erklärung, er werde zu Ehren eines Indossanten zahlen, seine Leistung in eine Ehrenzahlung umwandeln. RG **70** 116.

29) Die in der WO enthaltenen Bestimmungen über Duplikate gelten nicht für eigene W, ein eigener W kann nicht die rechtliche Bedeutung eines Duplikates haben. RG **9** 113 (117).

30) Es handelt sich bei der Ausstellung von Wduplikaten immer nur um einen W, über den bloß mehrere Urkunden ausgestellt sind. Das Zirkulationsexemplar soll den Zweck haben, den Übergang der Rechte aus dem W zu bewirken. Es repräsentiert den ganzen W in bezug auf den

Exemplare des Wechsels zu überliefern. Dieselben müssen im Kontext als Prima, Sekunda, Tertia usw. bezeichnet sein, widrigenfalls jedes Exemplar als ein für sich bestehender Wechsel (Sola-Wechsel) erachtet wird. Auch ein Indossatar kann ein Duplikat des Wechsels verlangen. Er muß sich dieserhalb an seinen unmittelbaren Vormann wenden, welcher wieder an seinen Vormann zurückgehen muß, bis die Anforderung an den Aussteller gelangt. Jeder Indossatar kann von seinem Vormanne verlangen, daß die früheren Indossamente auf dem Duplikate wiederholt werden.[31])

Art. 67. Ist von mehreren ausgefertigten Exemplaren das eine bezahlt, so verlieren dadurch die anderen ihre Kraft. Jedoch bleiben aus den übrigen Exemplaren verhaftet:

1) der Indossant, welcher mehrere Exemplare desselben Wechsels an verschiedene Personen indossiert hat, und alle späteren Indossanten, deren Unterschriften sich auf den, bei der Zahlung nicht zurückgegebenen Exemplaren befinden, aus ihren Indossamenten;
2) der Akzeptant, welcher mehrere Exemplare desselben Wechsels akzeptiert hat, aus den Akzepten auf den bei der Zahlung nicht zurückgegebenen Exemplaren.

Art. 68. Wer eines von mehreren Exemplaren eines Wechsels zur Annahme versandt hat, muß auf den übrigen Exemplaren bemerken, bei wem das von ihm zur Annahme versandte Exemplar anzutreffen ist. Das Unterlassen dieser Bemerkung entzieht jedoch dem Wechsel nicht die Wechselkraft. Der Verwahrer des zum Akzepte versandten Exemplars ist verpflichtet,[32]) dasselbe[33]) demjenigen auszuliefern, der sich als Indossatar (Art. 36) oder auf andere Weise zur Empfangnahme legitimiert.

Art. 69. Der Inhaber eines Duplikats, auf welchem angegeben ist, bei wem das zum Akzepte versandte Exemplar sich befindet, kann mangels Annahme desselben den Regreß auf Sicher-

---

Wtransport. Das Akzeptträger-Exemplar soll die WErklärung des Bezogenen aufnehmen; das Akzept auf dem einen Exemplar ist auf den ganzen W zu beziehen; durch Indossierung des anderen werden alle Rechte aus dem geleisteten Akzepte erworben. RG **9** 57 (60).

31) Der Wnehmer kann das in Art. 66 vorgesehene Recht auch dann geltend machen, wenn er den W verloren hat. RG **49** 132.

32) Vorbehaltlich des Widerrufs des Ausstellers. OHG **11** 391.

33) Mag es akzeptiert sein oder nicht. Siehe Entscheidung in Anm. 32.

stellung und mangels Zahlung den Regreß auf Zahlung nicht eher nehmen, als bis er durch Protest hat feststellen lassen:

1) daß das zum Akzepte versandte Exemplar ihm vom Verwahrer nicht verabfolgt worden ist und
2) daß auch auf das Duplikat die Annahme oder die Zahlung nicht zu erlangen gewesen.

2. Wechselkopien.

Art. 70. Wechselkopien müssen eine Abschrift des Wechsels und der darauf befindlichen Indossamente und Vermerke enthalten und mit der Erklärung „bis hierher Abschrift (Kopie)" oder mit einer ähnlichen Bezeichnung versehen sein. In der Kopie ist zu bemerken, bei wem das zur Annahme versandte Original des Wechsels anzutreffen ist. Das Unterlassen dieses Vermerkes entzieht jedoch der indossierten Kopie nicht ihre wechselmäßige Kraft.

Art. 71. Jedes auf einer Kopie befindliche Original-Indossament verpflichtet den Indossanten ebenso, als wenn es auf einem Originalwechsel stünde.

Art. 72. Der Verwahrer des Originalwechsels ist verpflichtet, denselben dem Besitzer einer mit einem oder mehreren Original-Indossamenten versehenen Kopie auszuliefern, sofern sich derselbe als Indossatar oder auf andere Weise zur Empfangnahme legitimiert. Wird der Originalwechsel vom Verwahrer nicht ausgeliefert, so ist der Inhaber der Wechselkopie nur nach Aufnahme des im Artikel 69 Nr. 1 erwähnten Protestes Regreß auf Sicherstellung und nach Eintritt des in der Kopie angegebenen Verfalltags Regreß auf Zahlung gegen diejenigen Indossanten zu nehmen berechtigt, deren Original-Indossamente auf der Kopie befindlich sind.

XI. Abhanden gekommene Wechsel.[34])

Art. 73. Der Eigentümer eines abhanden gekommenen Wechsels[35]) kann die Amortisation des Wechsels bei dem Gerichte des Zahlungsorts beantragen. Nach Einleitung des Amortisations-

---

34) Über das Aufgebotsverfahren von W siehe §§ 1003 ff. ZPO.

35) Auch Blanko-Akzepte können aufgeboten werden, auch auf Antrag des Ausstellers, der das ihm übergebene Akzept verloren hat; dieser darf jedoch, wenn er noch nicht unterschrieben hatte, nicht auf Zahlung klagen. OHG 25 16.

verfahrens kann derselbe vom Akzeptanten [36]) Zahlung fordern, wenn er bis zur Amortisation des Wechsels Sicherheit bestellt. Ohne eine solche Sicherheitsstellung ist er nur die Deposition der aus dem Akzepte schuldigen Summe bei Gericht oder bei einer anderen zur Annahme von Depositen ermächtigten Behörde oder Anstalt zu fordern berechtigt. [37])

Art. 74. [38]) Der nach den Bestimmungen des Artikel 36 legitimierte Besitzer eines Wechsels kann nur dann zur Herausgabe desselben angehalten werden, wenn er den Wechsel in bösem Glauben erworben hat oder ihm bei der Erwerbung des Wechsels eine grobe Fahrlässigkeit zur Last fällt. [39, 40])

XII. Falsche Wechsel.

Art. 75. Auch wenn die Unterschrift des Ausstellers eines Wechsels falsch oder verfälscht ist, behalten dennoch das echte Akzept und die echten Indossamente die wechselmäßige Wirkung. [41—43a])

---

36) Nicht auch vom Aussteller und den Indossanten. OHG **1** 174. **Dagegen:**

Der Indossatar eines gezogenen W, der den W verloren hat, kann nach Erwirkung des Ausschlußurteils gegen jeden Vormann, wenn der W rechtzeitig protestiert war, Regreß nehmen, auch wenn der W schon akzeptiert war. Er kann schon vor Erlaß des Ausschlußurteils Klage erheben; gegen Zahlung ist das Ausschlußurteil abzuliefern. RG **49** 132.

37) Dieser Art. findet auch Anwendung auf die in §§ 363, 365 HGB erwähnten Orderpapiere. OHG **19** 276. Nicht aber auf Reichsbankanteilscheine. RG **22** 183.

38) Der Art. 74 kommt in den Fällen der §§ 222 und 365 HGB zur entsprechenden Anwendung.

39) Der Art. 74 regelt nicht die ganze Lehre von der Wvindikation und besagt nicht, daß die Vindikation des W unbedingt gegen den stattfindet, der den W nicht durch einen WAkt, sondern durch einen zivilrechtlichen Akt der Eigentumsübertragung erworben hat. Er schließt nur die Vindikation des W gegen den wrechtlich Legitimierten aus, der nicht im bösen Glauben und grob fahrlässig erworben hat. Im übrigen richtet sich die Vindikation nach den Vorschriften des bürgerlichen Rechtes. RG **33** 144 (148).

40) Art. 74 besagt zwar, daß der legitimierte gutgläubige WErwerber Eigentümer des W wird und demzufolge gegen die Vindikation geschützt ist; dagegen steht er einem Anspruch auf Herausgabe des W, der nicht auf das Eigentum gestützt wird, nicht im Wege. RG **45** 261.

41) Wird die Wsumme durch Fälschung in eine höhere verwandelt, so wird der W überhaupt ungültig und bleibt auch nicht die Verpflichtung auf die ursprüngliche Mindersumme bestehen. OHG **23** 339. **Dagegen:**

Bei der Frage, ob trotz Verfälschung des WInhalts die Verpflichtung

Art. 76. Aus einem mit einem falschen oder verfälschten[44]) Akzept oder Indossamente versehenen Wechsel bleiben sämtliche

---

aus dem ursprünglichen Inhalte fortdauern könne, wird davon auszugehen sein, daß in dem Begriff der Verfälschung an sich nichts liegt, was diese Fortdauer hindert. Vielmehr wird das Entscheidende nur in der Art zu finden sein, in welcher die Verfälschung ausgeführt ist und danach auf die Integrität des echten WInhalts eingewirkt hat. Es läßt sich daher auf die Frage der Fortdauer keine allgemein gültige Antwort geben, sondern es muß diese Antwort nach Verschiedenheit der zu prüfenden Fälle auch verschieden lauten. (In dem vorliegenden Falle war von dem Aussteller dem echten Text das Wort „dreitausend" vorangesetzt, der Text war sonst völlig intakt gelassen, die Wsumme hatte ursprünglich 750 Mk. betragen, der beklagte Vorindossant wurde zur Zahlung von 750 Mk. verurteilt.) RG **54** 386.

41 a) Der im Regreßwege in Anspruch genommene Indossant ist beweispflichtig für die Behauptung, daß die Wsumme nachträglich vom Aussteller erhöht worden ist. Wer einen indossablen W in Verkehr bringt, nimmt vorbehaltlich des von ihm zu führenden Beweises einer etwaigen Verfälschung der Wschrift die Gefahr auf sich, daß er dem gutgläubigen Erwerber gegenüber gemäß dem Inhalte des W haftbar wird, den dieser in äußerlich mangelfreier Gestalt zur Zeit des Erwerbes aufweist. RG, R **1** 67.

42) Die Einrede der Fälschung oder der spätern rechtswidrigen Änderung des W nach dessen Perfektion zum Nachteil des Wschuldners greift auch einem dritten gutgläubigen Erwerber des W gegenüber Platz. OHG **7** 220. RG **8** 42.

42 a) Wenn der Inhaber des W eigenmächtig die Verfallzeit deliert und eine andere einschreibt, haftet der Akzeptant nicht mehr. OHG **13** 155.

43) Veränderung. Die Folgen einer nachträglichen einseitigen Veränderung des WInhaltes sind in der WO nirgends ausdrücklich geregelt; aber die Richtung auf die größtmögliche praktische Brauchbarkeit des Rechts, wie auch die Analogie der in den Artt. 75, 76 enthaltenen Bestimmungen über falsche und verfälschte W Unterschriften muß dahin führen und hat die herrschende Lehre dahin geführt, jeden einzelnen Unterzeichner einer WErklärung nach Maßgabe desjenigen Inhaltes haften zu lassen, den der W zur Zeit der Abgabe seiner Unterschrift hatte oder nachher zu seinem Nachteile unter seiner Zustimmung erhalten hat. Dieser allgemeine Grundsatz muß auch in dem Falle angewendet werden, wo die nachträgliche Veränderung des W nicht in der Abänderung eines wesentlichen Bestandteiles, sondern in der Hinzufügung des an sich beim W nicht wesentlichen Domizilvermerkes besteht. (Der beklagte Indossant hatte den Domizilvermerk selbst nachträglich beigefügt.) RG **32** 36. (Über den Protest in solchem Falle siehe Anm. 90 zu Art. 43.)

43a) Wer seine Namensunterschrift auf ein sonst leeres Blatt Papier setzt und es einem Dritten übergibt, um daraus einen W zu kreieren und in Umlauf zu setzen, hat keine aus dem WRecht entfließende (d. h. keine dem gutgläubigen WInhaber gegenüber durchgreifende) Einrede der

Indossanten und der Aussteller, deren Unterschriften echt sind, wechselmäßig verpflichtet.[44a])

XIII. Wechselverjährung.[45])

Art. 77. Der wechselmäßige Anspruch gegen den Akzeptanten verjährt in drei Jahren vom Verfalltage des Wechsels an gerechnet.[45a—47])

Art. 78. Die Regreßansprüche des Inhabers (Art. 50) gegen den Aussteller und die übrigen Vormänner verjähren:

1) in 3 Monaten,[47a]) wenn der Wechsel in Europa, mit Ausnahme von Island und den Faröern, zahlbar war;
2) in 6 Monaten,[47a]) wenn der Wechsel in den Küstenländern von Asien und Afrika längs des Mittelländischen und Schwarzen Meeres oder in den dazu gehörigen Inseln dieser Meere zahlbar war;

Fälschung oder Verfälschung, falls jener Dritte das Blankett in für jene Person lästigerer Weise, als verabredet war, ausgefüllt hat. RG 2 97 (100).

44) Oder aus sonstigem Grunde ungültigen (z. B. mangels Beglaubigung nach Art. 94). OHG 17 281.

44a) Wegen Indossamente, die sich nicht an den W oder vorhergehende Giros anschließen, siehe Art. 36 Anm. 53.

45) Die Klageverjährung ist nach gemeinem Recht ein Institut des materiellen Rechtes, und deshalb ist die Verjährung nach dem Sitz der eingeklagten Forderung, bei den im Auslande zahlbaren W nach dortigem Recht zu beurteilen. RG 2 13. Die Wverjährung ist ein materiellrechtlicher Grund zur Aufhebung der Obligation, kein prozeßrechtliches Institut. Dieselbe ist zu beurteilen nach demjenigen örtlichen Rechte, welches das gesamte Obligationsverhältnis überhaupt beherrscht, bei domizilierten W nach dem im Domizil geltenden Rechte. RG 6 24.

45a) Der Fälligkeitstag wird nicht mitgerechnet. OHG 3 415. RG 11 44 (47).

46) Bei ursprünglich als Blanko-Akzepte übergebenen W beginnt die Verjährung mit dem im ausgefüllten W angegebenen Verfalltage. RG 58 186.

46a) Die Frist läuft ohne Rücksicht auf die Verhältnisse der Indossanten, so daß die im Art. 77 geordnete Normalfrist unter Umständen, namentlich wenn eine größere Zahl von Indossamenten vorhanden ist, dahin führen kann, daß derjenige, welcher zuletzt Rembours geleistet hat, gegen den Akzeptanten wegen des inmittels erfolgten Ablaufs der dreijährigen Verjährungsfrist nicht mehr zu klagen imstande ist. OHG 7 41.

47) Vgl. Art. 100.

47a) Die Monate werden nach Art. 32 berechnet. OHG 3 124.

3) in 18 Monaten,[47a]) wenn der Wechsel in einem anderen außereuropäischen Lande oder in Island oder den Faröern zahlbar war.

Die Verjährung beginnt gegen den Inhaber mit dem Tage des erhobenen Protestes.[48, 48a])

Art. 79. Die Regreßansprüche des Indossanten (Art. 51) gegen den Aussteller und die übrigen Vormänner verjähren:

1) in 3 Monaten,[47a]) wenn der Regreßnehmer in Europa, mit Ausnahme von Island und den Faröern, wohnt;
2) in 6 Monaten,[47a]) wenn der Regreßnehmer in den Küstenländern von Asien und Afrika längs des Mittelländischen und Schwarzen Meeres oder in den dazu gehörigen Inseln dieser Meere wohnt;
3) in 18 Monaten,[47a]) wenn der Regreßnehmer in einem anderen außereuropäischen Lande oder in Island oder den Faröern wohnt.

Gegen den Indossanten läuft die Frist, wenn er, ehe eine Wechselklage gegen ihn angestellt worden, gezahlt hat, vom Tage der Zahlung, in allen übrigen Fällen aber vom Tage der ihm geschehenen Behändigung der Klage oder Ladung.[49, 49a])

(Art. 80 ist weggefallen.)[50])

XIV. Klagerecht des Wechselgläubigers.[51])

Art. 81. Die wechselmäßige Verpflichtung trifft den Aussteller, Akzeptanten und Indossanten des Wechsels sowie einen jeden,

---

48) Ist der Protest erlassen worden (vgl. Art. 42), so läuft die Verjährung von dem Tage ab, an dem er hätte erhoben werden müssen. OHG 4 366.

48a) Vgl. auch Art. 99 Nr. 10.

49) Wann der Indossatar gezahlt hat, muß derjenige nachweisen, welcher den Verjährungseinwand erhebt. Z. B. OHG 3 124.

49a) Die Verjährung läuft gegen den Indossatar, ohne daß es darauf ankommt, ob ein anderer Wgläubiger gegen den betreffenden Regreßpflichtigen die Verjährung unterbrochen hat (durch gemeinschaftliche Klage gegen diesen und den Indossatar). OHG 5 361.

50) Art. 80 ist durch Art. 8 Nr. 2 des EGzHGB aufgehoben, die Unterbrechung der Verjährung regelt sich jetzt nach §§ 209 ff. BGB.

51) Über die Wklagen und das Verfahren im Wprozeß vgl. ZPO § 4, §§ 602—605, § 538 Nr. 4; § 708 Nr. 4; § 110 Nr. 2. Wsachen sind Feriensachen. GerichtsverfassungsG § 202 Nr. 5.

welcher den Wechsel, die Wechselkopie, das Akzept oder das Indossament mitunterzeichnet[52]) hat, selbst dann, wenn er sich dabei nur als Bürge (per aval)[53, 54]) benannt hat. Die Verpflichtung dieser Personen erstreckt sich auf alles,[55]) was der Wechselinhaber wegen Nichterfüllung der Wechselverbindlichkeit zu fordern hat. Der Wechselinhaber kann sich wegen seiner ganzen Forderung an den einzelnen halten; es steht in seiner Wahl, welchen Wechselverpflichteten er zuerst in Anspruch nehmen will.[56])

Art. 82. Der Wechselschuldner kann sich nur solcher Einreden bedienen, welche aus dem Wechselrechte selbst hervorgehen oder ihm unmittelbar gegen den jedesmaligen Kläger zustehen.[57—80])

---

52) mit unterzeichnet; wenn jemand allein akzeptiert, der nicht bezogen ist, wird er nicht haftbar. OHG **15** 346, ebensowenig jemand, der als Bürge unterzeichnet ist, ohne daß ein Aussteller mit unterschrieben hat. RG **10** 1. Es ist zulässig, die Bürgschaft in einer besonderen, auf dem W befindlichen, unmittelbar hinter der Unterschrift des Ausstellers folgenden Erklärung (also nicht durch bloße Mitunterschrift) zu übernehmen, OHG **12** 148; die Unterschrift kann auch auf der Rückseite stehen, wenn nur aus der Schrift selbst erhellt, daß eine Bürgschaft beabsichtigt sein soll, auch darf die Bürgschaft auf einen Teil der Wsumme beschränkt werden. OHG **12** 255.

53) Der Wbürge muß mit seinem Namen oder seiner Firma unterschreiben. RG **68** 155.

54) Der Avalist übernimmt eine eigene, selbständige, kumulative, solidarische Wverpflichtung, nicht eine zivilrechtliche Bürgschaft. Die Verpflichtung des Avalisten kann (zwar) nicht entstehen, ohne daß eine den Formvorschriften der WO entsprechende Erstunterschrift eines Hauptverpflichteten vorhanden ist; sie besteht aber selbst dann, wenn die Wverpflichtung aus der Erstunterschrift nicht besteht, weil diese Unterschrift gefälscht oder wegen mangelnder Wfähigkeit unverbindlich ist. RG **40** 57.

55) Man muß annehmen, daß in der WO für Wschulden überhaupt das gesetzliche Verzugsinteresse auf 6% festgestellt ist. OHG **1** 251.

56) Eine dem Aussteller über die Verjährungszeit hinaus gegebene Prolongation hindert die Verjährung gegen den nicht dabei zugezogenen Bürgen nicht. OHG **25** 26.

Die Verbürgung in Wform enthält nicht notwendig zugleich die umfassendere Verpflichtung der zivilrechtlichen Verbürgung. RG **4** 10.

57) Zur Begründung der exceptio doli gegen den Indossatar, wonach dieser als bloßer Inkassomandatar klage, ist notwendig, daß die Absicht beider Teile (des Indossanten und Indossatars) dargelegt werde, dem Beklagten eine ihm gegen den Indossanten wirklich zustehende begründete Einrede zu entziehen, beide müssen nicht nur darum gewußt haben, daß der Beklagte dem Indossanten gegenüber Einreden vorschützen werde, sondern auch von deren Begründung und mithin von dem Ungrunde des Klage-

anspruchs überzeugt gewesen sein, und es genügt nicht eine erst nach der Übereinkunft, den W für Rechnung des Indossanten einzuklagen, erlangte Wissenschaft des Indossatars von dem Ungrunde des Klageanspruchs. Z. B. OHG **11** 107. Vom Dolus des Indossatars im rechtlichen Sinne kann erst dann die Rede sein, wenn derselbe namentlich durch die Mitteilungen seines Indossanten wußte, überzeugt war, daß die Wverpflichtung des Beklagten aufgehoben war, und sich dennoch als bloßes Werkzeug zu einer bewußten beabsichtigten Vermögensbenachteiligung des Verklagten zur Verfolgung eines Anspruchs, dessen Ungrund dem Kläger sowohl als dem Indossanten bekannt ist, gebrauchen ließ. Z. B. OHG **6** 1.

58) Wenn der klagende Indossatar jedoch ausdrücklich einräumt, daß er den W nur zur Einklagung erhalten hat, so begibt er sich der aus dem vollen Indossament folgenden Rechte und gilt lediglich als Mandatar des Indossanten. OHG **10** 386.

59) Das RG weicht hiervon ab: Ist die Wforderung des Indossanten gegen den Akzeptanten dadurch entstanden, daß dieser durch Betrug des Indossanten zum Akzept bestimmt ist, so macht sich der Indossatar, welcher den W lediglich im Interesse und für Rechnung seines Indossanten geltend macht, nicht bloß dann zum Werkzeug der Arglist des letzteren, wenn er den W, als er sich denselben girieren ließ, in dem Bewußtsein übernahm, daß der W eingezogen werden sollte, um dem Indossanten die Früchte seiner rechtswidrigen Handlungsweise zu sichern, sondern auch dann, wenn er im Laufe des Prozesses erfährt, auf welche Weise der Indossant die Wforderung erworben und trotzdem im Interesse des eigentlichen Wgläubigers, und um diesem die Vorteile seiner Arglist zu sichern, den im eigenen Namen geltend gemachten Anspruch aufrecht hält. RG **4** 100.

60) Der Inhaber eines W, der diesen für eigene Rechnung erworben hat, muß sich nur solche Einreden aus der Person des Vorbesitzers entgegen halten lassen, deren Verurteilung er in kollusivem Zusammenwirken mit dem Veräußerer bezweckt. RG, K **10** 480.

61) Wenn auch der Kläger selbst in dem Falle, daß ihm der W nur behufs Einziehung für Rechnung des Indossanten indossiert und übergeben worden, als durch eigentliches (Blanko-)Indossament legitimierter WInhaber Wgläubiger und als im eigenen Namen klagend Prozeßpartei ist, auch der Umstand, daß der W ihm nur zur Einziehung für Rechnung des Indossanten übergeben worden ist, den Einwand der Simulation des eigentlichen Indossamentes nicht begründet, so findet doch die Einrede der Arglist gegen ihn statt. Nicht allein dann, wenn er beim Erwerbe des W dolos handelte, indem er wußte, daß er als Werkzeug dienen sollte, einen unbegründeten Anspruch des Indossanten geltend zu machen und dem Wschuldner begründete Einreden abzuschneiden, sondern es trifft ihn der Vorwurf arglistigen Verfahrens auch dann, wenn er vor Anstellung der Wklage oder auch erst im Laufe des Prozesses die von dem Wschuldner gegen den Indossanten in Anspruch genommenen Einreden erfährt und das ihm zustehende formale Recht dazu mißbraucht, die Geltendmachung der Einreden kraft seiner eigenen wrechtlichen Legitimation lediglich zum Vorteile

des Indossanten und zum Nachteil des Wschuldners zu verhindern. RG **11** 5 (9).

62) Wenn die Klage des durch Vollgiro legitimierten Inkasso-Mandatars abgewiesen ist, so darf der Indossant nicht das ihm ungünstige Ergebnis des für seine Rechnung von einem durch Vollindossament legitimierten Beauftragten geführten Prozesses unter Berufung darauf, daß Partei in diesem Prozesse nicht er, sondern der Indossatar und Gegenstand des Prozesses nicht sein Recht, sondern das Recht des Indossatars gewesen sei, nicht gelten lassen und den Gegner nötigen, sich gegen den abgewehrten Anspruch aus dem W noch einmal zu verteidigen. RG **36** 53.

63) Zur Begründung des Einwandes des Akzeptanten, daß der Kläger rechtswidrig zur Beseitigung gegen seinen Vormann zustehender Einreden das ihm erteilte Vollindossament benutze, genügt nicht der Nachweis, daß derselbe bereits von diesem Vormanne die Wregreßsumme bezahlt erhalten habe, wenn nicht auch dargetan wird, daß bei der Zahlung die Abrede dahin getroffen worden ist, daß der W nunmehr nur noch im Auftrage und für Rechnung des Vormannes eingeklagt werden solle. RG **23** 124.

64) Gegen die aus einem WAkzepte von einem gutgläubigen WInhaber angestellte Klage ist die Einrede nicht zulässig, daß der Beklagte seine Unterschrift auf einem noch leeren Wformulare vollzogen habe, ohne zu wissen, daß dasselbe ein Wformular sei, und ohne den Willen, eine Wverbindlichkeit einzugehen. RG **14** 22.

65) Der verklagte Akzeptant darf sich nicht darauf berufen, daß Trassant gezahlt habe, auch nicht, daß er selbst gezahlt habe, aber nicht dem ihm gegenüber stehenden Inhaber. OHG **7** 121. RG **11** 18 (21) (falls nicht ein besonderer Rechtsgrund diese Berufung gestattet, vgl. folgende Note).

66) Wenn (jedoch) die Übereinkunft (zwischen dem zahlenden Aussteller und dem WInhaber) dahin ging, daß durch die Zahlung auch der Akzeptant frei werden solle, so ist die Zahlung auch für diesen erfolgt und er darf sich darauf berufen. OHG **8** 387.

67) Ein Indossant darf sich nicht darauf berufen, daß der Kläger den Akzeptanten und einen Vormann aus der Verbindlichkeit entlassen habe. RG **59** 319.

68) Ersucht ein Indossatar den Wgläubiger, seine, des Wgläubigers, Rechte gegen den ihm vorstehenden Wverpflichteten geltend zu machen, er werde ihm die Wsumme einsenden, und sendet er darauf die Summe ein, so kann sich der vorstehende Verpflichtete nicht auf diese Zahlung berufen; denn nach der Absicht des Zahlenden sollte die Verbindlichkeit seiner Vormänner bestehen bleiben und von dem Wgläubiger verfolgt werden; dieser ist nicht endgültig wegen seiner Regreßforderung befriedigt und hat nicht aufgehört, wahrer Wgläubiger zu sein. (RG **11** 20; **23** 125.) RG, K **2** 152.

69) Nach feststehenden Rechtsgrundsätzen ist zwar der Gläubiger, dem sein Schuldner einen auf einen Dritten gezogenen oder von ihm selbst akzeptierten, jedoch bei einem Dritten domizilierten W zahlungshalber übergeben hat, zunächst verpflichtet, mittels dieses W Zahlung zu suchen und kann hiernach nur dann auf die ursprüngliche Forderung zurückgreifen, wenn er ohne sein Verschulden von dem Dritten bzw. dem Domiziliaten Zahlung

nicht erhalten konnte. Es genügt, daß der W rechtzeitig dem Domiziliaten präsentiert, von diesem aber die Zahlung verweigert wird. RG **27** 89.

70) Die Einrede, daß der klagende Indossatar den Besitz des W ohne einen WBegebungsvertrag erlangt hat, ist zulässig. RG **5** 82. — Die exceptio doli setzt ein kontraktliches Verhältnis zwischen den Parteien nicht voraus, der dolus des bösgläubigen Finders als Klägers besteht darin, daß er, ohne mit irgendwem einen ihn zur Geltendmachung des WAnspruchs berechtigenden Vertrag geschlossen zu haben, klagt. OHG **25** 66.

71) Die Einrede, daß dem W ein unerlaubtes Rechtsgeschäft (z. B. Spielschuld) zugrunde liege, ist zulässig. OHG **10** 387; es hat jedoch nicht der WKläger den Beweis zu führen, daß die Wforderung auf rechtsgültigem Geschäfte beruhe (vgl. Art. 4 Note 9), sondern Beklagter muß, wenn er sich darauf berufen will, daß er das Akzept zur Deckung einer Schuld aus unerlaubtem Geschäfte gegeben habe, dies beweisen. OHG **3** 354.

72) Die bloße Anfechtung des W mit der Behauptung der nicht gezahlten Valuta ist unzulässig (OHG **3** 313), wenn sie nicht als exceptio doli nach Art. 82 substantiiert wird, also z. B. daß Kläger sich zur Zahlung des Nominalbetrages des W verpflichtet habe. OHG **4** 265.

73) Der Einwand, daß es der WObligation an jedem Rechtsgrunde fehle, ist, wenn sich Wschuldner und erster Nehmer selbst gegenüber stehen, zulässig. RG **70** 208 (212).

74) Das bloße Wissen des dritten Erwerbers, der Akzeptant habe den W nur aus Gefälligkeit gegen den Aussteller und Indossanten unterschrieben, kann die Einrede der Arglist nicht begründen, da die Gefälligkeit des Akzeptanten gerade darin besteht, daß er eine gegenüber einem Dritten verbindliche WErklärung übernehmen wollte. Anders liegt die Sache, wenn der Indossatar, wissend, daß der Indossant dem Akzeptanten gegenüber die Einlösungspflicht übernommen hat, sich dazu hergibt, einen ihm als unbegründet bekannten Anspruch für Rechnung dessen, von dem er den W erwirbt, zu verfolgen, um dem Akzeptanten seine gegenüber dem Aussteller begründete Einrede abzuschneiden oder wenn der dritte Erwerber die ihm bekannte Verpflichtung des Ausstellers und Indossanten, den W zur Verfallzeit selbst einzulösen, auch seinerseits übernommen hat; dies braucht nicht ausdrücklich zu geschehen. RG, K **2** 154.

75) Ein in Ausführung eines wucherlichen Vertrages formgerecht ausgestellter W begründet eine gültige und klagbare Wforderung; derselben kann jedoch unter den Voraussetzungen des § 82 die Einrede des Wuchers entgegengesetzt werden. RG **8** 97.

76) Einem Depot-W gegenüber muß der Wverpflichtete die ihm aus dem unterliegenden Geschäfte etwa zustehenden Einwendungen substantieren und beweisen, nicht aber der Inhaber nachweisen, daß seine Forderung auf Höhe der eingeklagten Wsumme wirklich begründet sei, OHG **8** 141, auch wenn bei der Ausstellung noch nicht feststand, ob die Forderung, für welche der W haften solle, zur Existenz kommen werde, oder wenn die Ausstellung des W auf Sicht oder auf eine bestimmte Zeit nach Sicht geschehen ist, muß der Wverpflichtete, welcher nicht verhaftet sein will, den Beweis führen, daß und weshalb er nicht verpflichtet sei. OHG **17** 281.

Art. 83. Ist die wechselmäßige Verbindlichkeit des Ausstellers oder des Akzeptanten durch Verjährung oder dadurch, daß die zur Erhaltung des Wechselrechts gesetzlich vorgeschriebenen Handlungen verabsäumt sind, erloschen, so bleiben dieselben dem Inhaber des Wechsels[81]) nur soweit, als sie sich mit dessen Schaden bereichern würden, verpflichtet. Gegen die Indossanten, deren wechselmäßige Verbindlichkeit erloschen ist, findet ein solcher Anspruch nicht statt.[82–87])

---

77) Gibt der Kautionsschuldner statt baren Geldes kautionsweise einen W, so verpflichtet er sich beim Mangel entgegenstehender Abreden dadurch, dessen Betrag dem Inhaber, also auch dem Kautionsgläubiger bei Verfall nach WRecht zu zahlen, und er berechtigt sogar beim Mangel der Untersagung der Begebung den Gläubiger, den W sogleich durch Girierung zu realisieren; in solchem Falle besteht die dem Kautionsgläubiger gegebene Sicherheit eben darin, daß er sich spätestens bei Verfall durch WKlage in den Besitz der verschriebenen Summe setzen kann; mithin widerspricht die Einrede, die zu sichernde Forderung sei noch nicht liquid, der Bestimmung eines solchergestalt gegebenen W. OHG **6** 437.

78) Hat der WSchuldner den W über eine ihm obliegende Vorauszahlung auf ihrer Entstehung nach ungewisse Forderung aus einem Vertragsverhältnis gegeben und wird der WAnspruch erst nach beendigtem Vertragsverhältnis erhoben, so liegt nicht dem Schuldner zur Abwehr der Beweis ob, daß keine Forderungen entstanden sind, sondern dem Gläubiger der Beweis ihres Entstandenseins. RG **5** 26.

79) Wegen Einrede des Kontokurrents siehe § 355 HGB, Anmerkungen unter: Wgeschäfte.

80) Wegen Einrede der Fälschung siehe Art. 75 Note 42.

81) Der nach Art. 36 zur Klage legitimiert sein würde (OHG **6** 381); wer den W durch ein nach eingetretener Verjährung ausgestelltes Indossament erhalten hat, ist zur Klage nicht berechtigt. OHG **12** 123. Zur Begründung der Klage aus Art. 83 gehört die Vorlegung eines bis auf die Präjudizierung oder Verjährung gültigen, den Kläger als Wgläubiger legitimierenden W. OHG **10** 42.

82) Welches Klagerecht dem durch Erlöschen der wmäßigen Verbindlichkeit Geschädigten auf Anlaß des W noch verbleiben soll, ist allein nach den Vorschriften dieses Artikels (nicht nach bürgerlichem Recht) zu beurteilen. OHG **6** 381.

83) Art. 83 erfordert positive Bereicherung; es ist abzusehen von dem aus dem formalen WRecht sich ergebenden Rechtsverhältnis und nur zu prüfen, ob, vorausgesetzt, es würde nach Erlöschen des auf das formale WRecht gestützten Anspruchs auch jedes sonstige Klagerecht versagt sein, ein Vermögenswert in den Händen des WSchuldners (Akzeptanten oder Trassanten) bleibe, welcher demselben nach Maßgabe des materiellen Rechts nicht gebühre. Der Trassant ist also der Regel nach nur insofern bereichert,

XV. Ausländische Gesetzgebung.

Art. 84. Die Fähigkeit eines Ausländers, wechselmäßige Verpflichtungen zu übernehmen, wird nach den Gesetzen des Staates beurteilt, welchem derselbe angehört. Jedoch wird ein nach den Gesetzen seines Vaterlandes nicht wechselfähiger Ausländer durch Übernahme von Wechselverbindlichkeiten im Inlande verpflichtet, insofern er nach den Gesetzen des Inlandes wechselfähig ist.[88])

Art. 85. Die wesentlichen Erfordernisse eines im Ausland

---

als er neben der Deckung, die er nicht gegeben, oder wieder zurückerhalten hat, auch noch die bei Begebung des W empfangene Valuta besitzt. OHG **23** 260.

84) Wenn bei Verjährung oder sonstigen Beseitigung der WKlage die Klage aus dem unterliegenden Deckungsverhältnisse noch fortbesteht, ist die Bereicherungsklage des Art. 83 nicht gegeben. RG **44** 78.

85) Ein Stellvertreter des Beklagten hatte per procura desselben W gezogen, gegen Valuta begeben und das empfangene Geld unterschlagen; die Akzepte waren gefälscht, vom Beklagten wurde Erstattung der Valuta verlangt. Dies war gerechtfertigt; der Beklagte war bereichert, da der Vertreter zur Empfangnahme von Geld ermächtigt war. Wenn er nachher das Geld unterschlug, so ändert dies an der Tatsache der erfolgten Bereicherung nichts, die Bereicherung kam dadurch nicht wieder in Wegfall. RG **13** 4.

86) Ein verjährter eigener W ist kein Verpflichtungsschein des § 363 HGB (OHG **9** 353), auch kein Darlehnsschuldschein; der Beweis für die Hingabe des Darlehns muß erbracht werden, wobei der erkennende Richter, wenn Kläger den W als Beweisurkunde vorlegt, zu prüfen hat, wie weit durch dieselbe Beweis erbracht wird. OHG **22** 305. Zur Anstellung des Urkundenprozesses, § 592 ZPO, berechtigt also ein socher W nicht.

87) Ein formell gültiger, aber präjudizierter W kann zwar nicht als Anweisung oder Schuldschein oder als kaufmännischer Verpflichtungsschein geltend gemacht werden (OHG **9** 354; **18** 188), allein wenn ein W zwar geschaffen werden sollte, aber wegen Formmangels nicht geschaffen ist, so ist gemäß § 140 BGB zu untersuchen, ob die rechtsgeschäftliche Erklärung, welche zur Begründung einer WObligation nicht geführt hat, als ein anderes Rechtsgeschäft aufrecht erhalten werden kann. Demgemäß kann eine von einem Kaufmanne unterzeichnete Urkunde die einen eigenen W darstellen sollte, aber mangels irgendwelcher Formerfordernisse ein solcher nicht geworden ist, sehr wohl einen kaufmännischen Verpflichtungsschein im Sinne des § 363 HGB darstellen (OHG **6** 130; RG, K 2 145).

88) Diese Ausnahmebestimmung erstreckt sich nicht nur auf solche Wverbindlichkeiten eines Ausstellers, welche im Inlande eingegangen und zu erfüllen sind, sondern derjenige Ort, an welchem der W ausgestellt wurde, also der Ort des Vertragsschlusses, ist entscheidend für die Wfähigkeit des im Inlande kontrahierenden Ausländers, ohne Rücksicht auf den Erfüllungsort. RG **15** 11.

ausgestellten Wechsels[89]) sowie jeder anderen im Ausland ausgestellten Wechselerklärung werden nach den Gesetzen des Ortes beurteilt, an welchem die Erklärung erfolgt ist. Entsprechen jedoch die im Auslande geschehenen Wechselerklärungen den Anforderungen des inländischen Gesetzes, so kann daraus, daß sie nach ausländischen Gesetzen mangelhaft sind, kein Einwand gegen die Rechtsverbindlichkeit der später im Inland auf den Wechsel gesetzten Erklärungen entnommen werden. Ebenso haben Wechselerklärungen, wodurch sich ein Inländer einem anderen Inländer im Auslande verpflichtet, Wechselkraft, wenn sie auch nur den Anforderungen der inländischen Gesetzgebung entsprechen.

Art. **86.** Über die Form[90]) der mit einem Wechsel an einem ausländischen Platze zur Ausübung oder Erhaltung des Wechselrechts vorzunehmenden Handlungen entscheidet das dort geltende Recht.

XVI. Protest.[91])

Art. **87.** Jeder Protest muß durch einen Notar oder einen Gerichtsbeamten oder einen Postbeamten aufgenommen werden.[91a—e])

---

89) Für die Anwendung des Art. 85 ist der in der Urkunde angegebene, nicht der wirkliche Ort der Ausstellung maßgebend. RG **32** 115.

90) Form heißt auch Zeit und Ort der regreßpflichtigen Handlung. OHG **1** 288.

Betreffs der Verjährung ausländischer W siehe Art. 77.

91) Vgl. auch Art. 41 ff., 91 ff. und die Anmerkungen zu diesen Artikeln.

91 a) Das Ges. stellt dem Gläubiger nach seiner Wahl verschiedene Protestbeamte zur Verfügung. Es sei nie zweifelhaft gewesen und auch jetzt nicht zweifelhaft, daß der Schuldner die Kosten desjenigen Protestbeamten erstatten müsse, den der Gläubiger in Ausübung des ihm nach dem Ges. zustehenden Rechtes gewählt habe. Bericht der Kommission vom 12. II. 08 S. 2.

91 b) Zur Aufnahme von Wprotesten sind zuständig: In Preußen die Gerichtsvollzieher (§ 74 G v. 24. IV. 78), die Gerichtsschreiber bei den Amtsgerichten (§ 70 ebenda), die zur Ausübung der freiwilligen Gerichtsbarkeit kompetenten Richter, die Gerichtsschreibergehilfen unter gewissen Bedingungen (§ 5 G v. 3. III. 79); in Bayern (Art. 66 G v. 23. II. 79), sowie im Großherz. Sachsen, in Hamburg, Bremen, Lübeck und in Schwarzburg-Sondershausen die Gerichtsvollzieher; im Großherzogt. Hessen und in Oldenburg die Gerichtsschreiber und die Gerichtsvollzieher; in Braunschweig die Amtsgerichte, die Gerichtsschreiber bei denselben und die Gerichtsvollzieher; in Württemberg die Gerichtsschreiber unter gewissen Bedingungen; im Königreich Sachsen die Ge-

Der Zuziehung von Zeugen oder eines Protokollführers bedarf es dabei nicht.

Art. 88. In den Protest ist aufzunehmen:[92, 93])

1) der Name oder die Firma der Personen, für welche und gegen welche der Protest erhoben wird;[94—96])

2) die Angabe, daß die Person,[97—100, 1—7]) gegen welche pro=

---

richtsschreiber, in Baden beschränkt die Gerichtsvollzieher, und in beiden Mecklenburg scheinen nur die Notare und Amtsgerichte zuständig.

91 c) Durch die Bek. des Reichskanzlers v. 5. VIII. 08 (RGBl 482) übernimmt vom 1. X. 08 ab die Postverwaltung die Erhebung von W= und Scheckprotesten mit folgenden Beschränkungen:

1. Proteste, die sich auf eine andere wrechtliche Leistung als die Zahlung beziehen, werden nicht erhoben.
2. Die Erhebung von Protesten mangels Zahlung bleibt ausgeschlossen a) für W und Schecks, die über mehr als 800 Mark lauten, b) für W und Schecks, die in fremder Sprache ausgestellt sind, c) für W und Schecks, die auf eine ausländische Münzsorte lauten, sofern der Aussteller durch den Gebrauch des Wortes „effektiv" oder eines ähnlichen Zusatzes die Zahlung in der im W benannten Münzsorte ausdrücklich bestimmt hat, d) für W, die mit Notadresse oder Ehrenakzept versehen sind, e) für W, die unter Vorlegung mehrerer Exemplare desselben W oder unter Vorlegung des Originals und einer Kopie zu protestieren sind.

92) Diese Worte sind an Stelle der Worte: Der Protest muß enthalten gesetzt. Um einer etwa mit Rücksicht auf die neuere Gesetzessprache möglichen strengeren Auslegung des Wortes „muß stattfinden" vorzubeugen, ist die Eingangsformel dahin gefaßt: In den Protest ist aufzunehmen. Entw. S. 11 unten.

93) Die Erfordernisse sind nicht bei Strafe der Nichtigkeit vorgeschrieben, es ist in jedem Fall zu prüfen, ob ein Mangel des Protestes ein wesentlicher ist. OHG **1** 143.

94) Der im Auftrage des legitimierten WInhabers für denselben erhobene Protest kann nicht stets deshalb für ungültig angesehen werden, weil der Vorname des Protestanten unrichtig angegeben ist. RG **45** 120.

95) Der Bericht über den Auftrag ist, abgesehen von der Person des Auftraggebers, kein wesentlicher Teil des Protestes; es kann sich ergeben, daß ein unbestimmter oder unrichtiger Auftrag erteilt, aber, worauf es ankommt, der richtige ausgeführt ist. RG, K **4** 254.

96) Es muß sich also die Person, mit der verhandelt wird, ergeben, es genügt nicht wie bei Nr. 2 die bloße Angabe der Firma. OHG **14** 160.

97) Als die Person, gegen welche protestiert wird, ist die physische Person zu verstehen, welche die Firma, gegen die Protest erhoben wird, vertritt; es genügt jedoch, wenn der Protestbeamte beurkundet, daß er „den Inhaber der Firma" nicht angetroffen habe, einer Angabe des Namens

des Firmeninhabers in der Protesturkunde bedarf es nicht. OLG Hamburg, K **10** 438.

98) Es ist kein Protestfehler, wenn an den angetroffenen angeblichen Prokuristen einer Aktiengesellschaft kein Zahlungsbegehren gerichtet ist, es genügt, wenn in der Protesturkunde mit voller Deutlichkeit bezeugt ist, daß im Geschäftslokal der genannten Gesellschaft kein gesetzlicher Vertreter anzutreffen gewesen ist. RG, K **8** 410.

99) Ist nach der Protesturkunde mit einem Kassierer verhandelt und nicht angegeben, ob der Geschäftsherr anwesend war, so ist der Protest ungültig. RG **3** 90.

100) Präsentation an einen Geschäftsgehülfen, der nicht im Proteste als Prokurist oder speziell zur Erklärung auf W Befugter bezeichnet ist, macht die Beurkundung der Abwesenheit des Prinzipals nicht entbehrlich. RG **23** 121 (123).

1) Es ist nicht erforderlich, daß für die Person, gegen welche sich der Vorzeiger des W des Zahlungsbegehrens entledigt, die Vollmacht zur Erklärung, wenn auch nur in allgemeinen Geschäftseinrichtungen enthalten, wirklich besteht; es muß vielmehr genügen, wenn sich nur aus dem Proteste Tatsachen ergeben, welche bei Unterstellung eines ordnungsmäßigen Geschäftsganges des Protestaten für einen sorgfältig handelnden Präsentanten die Annahme rechtfertigen durften, daß die Person, mit welcher er verhandelte, zur Abgabe der von ihr gegebenen Erklärung bevollmächtigt war... Die Diligenz des Wpräsentanten und ebenso des protestierenden Beamten läßt sich in der Regel nicht bis zu einer Identitäts- und Legitimationsprüfung wie bei der Vornahme und Aufnahme von Rechtsgeschäften mit dem Geschäftsinhaber oder einem Bevollmächtigten desselben steigern. RG **24** 82.

2) Nach Nr. 3 muß die Beurkundung erfordert werden, daß mit einem in bezug auf die Protesterhebung zur Vertretung der Person, gegen welche protestiert ward, Berechtigten verhandelt oder daß ein solcher Berechtigter nicht angetroffen wurde. RG **53** 227. Der Fall betraf einen Protest bei einer Reichsbankstelle; die Entscheidung muß wohl unter „Person" einen Protestaten verstehen, der (wie Firmen, Aktiengesellschaften usw.) nur durch Vertreter verhandeln kann; bei einer physischen Person bedarf es nach dem Wortlaute der Nr. 3 nur der Feststellung, daß diese selbst nicht anzutreffen war.

3) Die Zahlungsaufforderung kann entsprechend dem in § 171 ZPO enthaltenen Rechtsprinzip einem von mehreren Kollektivvertretern abgegeben werden. RG **53** 227.

4) Durch die Nachfrage bei dem Ehemann nach der bezogenen Ehefrau genügt der Protestbeamte seiner Pflicht, es liegt ihm nicht ob, alle Räumlichkeiten der Privatwohnung zu untersuchen, um festzustellen, ob die Bezogene nicht doch vielleicht anwesend sei. RG, K **2** 457. Es ist unverständlich, wie von dem Protestbeamten die Durchsuchung der Wohnung verlangt werden konnte; er hat doch keine Zwangsgewalt. Wird ihm der Zutritt zur Wohnung verweigert, so kann er lediglich diese Tatsache feststellen, ebenso wenn der Protestat nicht verhandeln will, weil er z. B. grade telepho-

testiert wird, ohne Erfolg zur Vornahme der wechselrechtlichen Leistung aufgefordert worden oder nicht anzutreffen[8]) gewesen ist oder daß ihr Geschäftslokal oder ihre Wohnung sich nicht hat ermitteln lassen;

3) Die Angabe des Ortes sowie des Kalendertags, Monats

---

niert; oder soll der Protestbeamte den Protestaten vom Telephon wegreißen und geschlossene Wohnungen (und Bankgebäude) gewaltsam öffnen lassen?

5) Die Beurkundung, daß das Geschäftslokal, in welchem der W zu präsentieren war, verschlossen gefunden, genügt zur Konstatierung, daß der Protestat nicht anzutreffen war. RG **23** 121.

6) Es genügt die Beurkundung, daß in dem Geschäftslokale „die Kasse" verschlossen gefunden wurde in dem Falle, daß die Zahlstelle eine Reichsbankhauptstelle war. Es ist Sache konkreten vernünftigen Ermessens, inwieweit eine getroffene Einrichtung den Notar berechtigt, sich an dem Verschlusse eines bestimmten Geschäftsraumes zu begnügen, während andere Geschäftsräume noch offen sind. RG **14** 145.

7) Ist eine Lokalangabe des W, mit deren Hilfe der Protestat hätte gefunden werden können, unbeachtet geblieben, so ist deshalb allein der erhobene Windprotest nicht ungültig. Dem Gesetz ist genügt, wenn der Protest den Vermerk enthält, daß sich das Geschäftslokal oder die Wohnung nicht habe ermitteln lassen. Dieser Vermerk hat durch den Abs. 2 des Art. 91 die Eigenschaft einer Form gewonnen, deren Beobachtung die Gültigkeit des Protestes sichert, auch wenn der Beamte unter gröblichster Verletzung seiner Pflichten nicht das geringste zur Ermittelung getan hat. RG **73** 251.

Mit Rücksicht auf diese Entscheidung haben die früheren Entscheidungen:

Wenn der Protestat verstorben ist, genügt Aufnahme des Protestes in dem früheren Geschäftslokal, in Ermangelung eines solchen in der Sterbewohnung. OHG **2** 216.

Es genügt nicht, den Tod des Protestaten und damit die rechtliche Unmöglichkeit einer gegenwärtigen Wohnung zu konstatieren, sondern der Protestbeamte muß die Sterbewohnung als die letzte mögliche Wohnung des Protestaten aufsuchen, um dort den Protestakt aufzunehmen; Präsentation und Zahlungsaufforderung findet dabei nicht statt, es genügt die Feststellung des Todes des Protestaten. RG **58** 48 (51, 53).

wesentlich an Bedeutung verloren.

8) Nicht anzutreffen. Die Feststellung, daß die Person nicht angetroffen wurde, genügt nicht; sie muß „nicht anzutreffen" gewesen sein; es muß also versucht worden sein, sie zu treffen; der Protestbeamte muß unter Angabe seiner Eigenschaft nach der Person gefragt haben. Nicht anzutreffen ist auch der, zu dem der Zutritt von den Personen, mit denen der Beamte in den ihm zunächst zugänglichen Räumen verhandelt, nicht ermöglicht wird (weil er schlafe, krank sei, sich ankleide, mit anderen Personen verhandle u. dergl.) und der, der dem Beamten aus gleichen Gründen den Zutritt nicht gestattet oder seine Anwesenheit verleugnen läßt.

und Jahres, an welchem die Aufforderung (Nr. 2) geschehen oder ohne Erfolg versucht worden ist;

4) im Falle einer Ehrenannahme oder einer Ehrenzahlung die Erwähnung, von wem, für wen und wie sie angeboten oder geleistet wird.

Der Protest ist von dem Protestbeamten zu unterzeichnen [8a]) und mit dem Amtssiegel oder dem Amtsstempel zu versehen. [9])

Art. 88 a. Der Protest mangels Zahlung ist auf den Wechsel oder auf ein mit dem Wechsel zu verbindendes Blatt zu setzen.

Der Protest soll unmittelbar hinter den letzten auf der Rückseite des Wechsels befindlichen Vermerk, in Ermangelung eines solchen unmittelbar an einen Rand der Rückseite gesetzt werden.

Wird der Protest auf ein Blatt gesetzt, das mit dem Wechsel verbunden wird, so soll die Verbindungsstelle mit dem Amtssiegel oder dem Amtsstempel versehen werden. Ist dies geschehen, so braucht der Unterschrift des Protestbeamten ein Siegel oder Stempel nicht beigefügt zu werden.

Wird der Protest unter Vorlegung mehrerer Exemplare desselben Wechsels oder unter Vorlegung des Originals und einer Kopie erhoben, so genügt die Beurkundung auf einem der Exemplare oder auf dem Originalwechsel. Auf den anderen Exemplaren oder auf der Kopie ist zu vermerken, daß sich der Protest mangels Zahlung auf dem ersten Exemplar oder auf dem Originalwechsel befindet. Auf den Vermerk finden die Vorschriften des Abs. 2 und des Abs. 3 Satz 1 entsprechende Anwendnng. Der Protestbeamte hat den Vermerk zu unterzeichnen.

Art. 88 b. Bezieht sich der Protest auf eine andere wechselrechtliche Leistung als die Zahlung, so ist er auf eine Abschrift des Wechsels [10]) oder der Kopie oder auf ein mit der Abschrift zu

8 a) Die Unterschrift muß innerhalb der Protestfrist beigefügt werden, spätere Nachholung ist unwirksam, OHG 7 184.

9) Die Beifügung des Siegels oder Stempels braucht nicht in unmittelbarem Anschluß an die Unterzeichnung des Protestes zu erfolgen. Entw. zur Nov. 08 S. 12.

10) Vermerke auf dem W, die zur Frage nach der Identität desselben und den rechtlichen Verhältnissen unter den WInteressenten in keiner Beziehung stehen (Firmenstempel, Seitenzahlen der Handelsbücher), brauchen nicht kopiert zu werden. OHG 1 143. Fehler, welche die Identität des W nicht zweifelhaft erscheinen lassen, schaden der Gültigkeit des Protestes

verbindendes Blatt zu setzen. Die Abschrift hat auch die auf dem Wechsel oder der Kopie befindlichen Indossamente und anderen Vermerke zu enthalten. Die Vorschriften des Art. 88a Abs. 2, 3 finden entsprechende Anwendung.

Art. 89. Muß eine wechselrechtliche Leistung von mehreren Personen verlangt werden, so ist über die mehrfache Aufforderung nur eine Protesturkunde erforderlich.[11])

Art. 89a. Die Wechselzahlung kann an den Protestbeamten erfolgen. Die Befugnis des Protestbeamten zur Annahme der Zahlung kann nicht ausgeschlossen werden.[12])

Art. 90. Schreibfehler, Auslassungen und sonstige Mängel der Protesturkunde können bis zur Aushändigung der Urkunde an die Person, für welche der Protest erhoben ist, von dem Protestbeamten berichtigt werden. Die Berichtigung ist als solche unter Beifügung der Unterschrift kenntlich zu machen.

Von dem Protest ist eine beglaubigte Abschrift zurückzubehalten. Über den Inhalt des Wechsels oder der Kopie ist ein Vermerk aufzunehmen. Der Vermerk hat zu enthalten:

1) den Betrag des Wechsels;
2) die Zahlungszeit;
3) den Ort, den Monatstag und das Jahr der Ausstellung;
4) die Namen des Ausstellers, des Remittenten und des Bezogenen;
5) falls eine vom Bezogenen verschiedene Person angegeben

---

nicht. OHG **14** 39; wohl aber die Weglassung der Bezeichnung des Remittenten oder eines Indossamentes. RG **44** 121.

11) Für mehrere W genügt eine Protesturkunde. OHG **2** 216; Protestgebühr und Stempel sind aber von jedem W besonders zu berechnen. RG **32** 212.

12) Unbilligen Zumutungen bei der Zahlung betreff der angebotenen Geldstücke kann der Protestbeamte durch Gebrauch des im § 9 des MünzG vom 1. VI. 09 RGBl 507 gegebenen Rechtes entgegentreten. Abs. 1 dieses § lautet:

„Niemand ist verpflichtet, Silbermünzen im Betrage von mehr als 20 Mark, Nickel- und Kupfermünzen im Betrage von mehr als einer Mark in Zahlung anzunehmen." Reichskassenscheine anzunehmen, ist keine Privatperson verpflichtet. G v. 30. IV. 74 betr. Ausgabe von Reichskassenscheinen § 5; ebensowenig Banknoten nach § 2 des BankG v. 14. III. 75. Dagegen sind die Noten der Reichsbank gesetzliches Zahlungsmittel. Art. 2 G v. 1. VI. 09.

ist, durch welche die Zahlung erfolgen soll, den Namen dieser Person sowie die Namen der etwaigen Notadressen und Ehrenakzeptanten.

Die Abschriften und Vermerke sind geordnet aufzubewahren.

XVII. Ort und Zeit für die Präsentation und andere im Wechselverkehre vorkommende Handlungen.

Art. 91. Die Präsentation zur Annahme oder Zahlung, die Protesterhebung, die Abforderung eines Wechselduplikats sowie alle sonstigen bei einer bestimmten Person vorzunehmenden Akte müssen in deren Geschäftslokal [13—16]) und in Ermangelung eines solchen in deren Wohnung vorgenommen werden. An einer anderen Stelle,[17—21]) z. B. an der Börse, kann dies nur mit beiderseitigem Einverständnisse geschehen.[22, 23])

---

13) Unter dem Geschäftslokal ist diejenige Räumlichkeit zu verstehen, in welcher der Gewerbetreibende gewöhnlich seinen Berufsgeschäften obliegt, welche er tatsächlich zu seinem Geschäftsbetriebe benutzt. Das Geschäftslokal einer offenen Handelsgesellschaft ist zugleich als Geschäftslokal derjenigen Gesellschafter anzusehen, welche dort regelmäßig tätig sind, um ihren Berufsgeschäften obzuliegen. RG **16** 349. (Das Urteil handelt von Zustellung im Geschäftslokale nach § 183 ZPO. Die Erklärung trifft unbedenklich auch auf das Geschäftslokal im Sinne der WO zu. Das Geschäftslokal der Gesellschaft gilt danach auch als Geschäftslokal der Gesellschafter bei Vorlegung von PrivatW.)

14) Dadurch, daß der Akzeptant seiner Unterschrift eine Straße und Hausnummer beifügt, erklärt er, daß in dem bezeichneten Hause auf sein Akzept bezügliche wrechtliche Akte vorgenommen werden können, auch wenn es nicht dessen Geschäftslokal ist. RG, R **4** 255.

15) Im Geschäftslokal zur Zeit der Vornahme der Akte, nicht zur Zeit der Ausstellung des W, RG **14** 201.

16) Es ist Sache des Prinzipals, für seine gehörige Vertretung in dem Geschäftslokal zur Geschäftszeit zu sorgen, also gleichgültig, ob eine Vertretung statthatte. OHG **11** 391.

17) Die Nov. 08 hat „Orte" durch „Stelle" ersetzt.

In einer andern Ortschaft darf selbst mit Zustimmung des Präsentaten Protest nicht erhoben werden, derselbe ist ungültig. OHG **21** 148, soweit nicht Art. 91a zutrifft.

18) Betreibt der Trassat am Zahlungsort kaufmännische oder sonstige Geschäfte, so ist in seinem Geschäftslokal zu präsentieren; betreibt er am Zahlungsorte keine Geschäfte, so ist in seiner Wohnung zu präsentieren. OHG **25** 30.

19) Für den Fall eines Konkurses wird das benutzte seitherige Geschäftslokal, welches sich noch unverändert als das des Gemeinschuldners

Ist in dem Proteste vermerkt, daß sich das Geschäftslokal oder die Wohnung nicht hat ermitteln lassen, so ist der Protest nicht deshalb ungültig, weil die Ermittelung möglich war.[24])

Die Verantwortlichkeit des Protestbeamten, der es unterläßt, geeignete Ermittelungen anzustellen, wird durch die Vorschrift des Abs. 2 nicht berührt. Ist eine Nachfrage bei der Polizeibehörde[25]) des Ortes[26]) ohne Erfolg geblieben, so ist der Protestbeamte zu weiteren Nachforschungen nicht verpflichtet.

Art. 91 a. Eine in dem Geschäftslokal oder in der Wohnung

---

kundgibt, für den Rechtsverkehr, insbesondere im Sinne des Art. 91, als wirkliches Geschäftslokal angesehen werden müssen, sofern nicht für den Dritten die Aufgabe der Benutzung für solchen geschäftlichen Fortbetrieb bei Vornahme der betreffenden Akte erkennbar wird. RG 2 23 (26).

20) Dadurch, daß das Verfügungsrecht einer Person über ihr Geschäftslokal und Geschäft infolge der Eröffnung des Konkurses über sie für dieselbe aufhört und durch einen Konkursverwalter ausgeübt wird, hört ihr Geschäft oder Geschäftslokal nicht auf, das ihrige zu sein. Das benutzte seitherige Geschäftslokal, welches sich noch unverändert als das des Gemeinschuldners kundgibt, muß für den Rechtsverkehr, insbesondere im Sinne des Art. 91 WO, als wirkliches Geschäftslokal angesehen werden, sofern nicht für den Dritten die Aufgabe der Benutzung für solchen geschäftlichen Fortbetrieb bei Vornahme der betreffenden Akte erkennbar wird. RG 2 23 (26).

21) Drei Möglichkeiten sind denkbar. Der W, nach Befinden auch die Protesturkunde, ergeben, daß der Protestat zu den Personen gehört, welche regelmäßig eines Geschäftslokals sich bedienen; oder sie ergeben, daß er eine von den Personen ist, welche gewöhnlich kein derartiges Lokal besitzen; oder sie deuten weder das Vorhandensein, noch das Nichtvorhandensein eines Geschäftslokals an. Ersterenfalls ist der Mangel eines Geschäftslokals nach der Vorschrift im Satz 3 des Art. 91 festzustellen und im Proteste zu verlautbaren, soll ein in der Wohnung erhobener Abwesenheitsprotest als gültig betrachtet werden. Im zweiten und dritten Falle steht es der Wirksamkeit eines solchen Protestes nicht entgegen, wenn die Protesturkunde etwaiger vergeblicher Bemühungen um die Ausmittelung eines Geschäftslokals nicht gedenkt. RG 2 59.

22) Auf Fälle, in welchen die Handlung, insbesondere die Protesterhebung, in Abwesenheit des davon Betroffenen vorgenommen wird, bezieht sich dieie Ausnahmevorschrift nicht. RG 66 295.

23) Dem Protestbeamten liegt in diesem Fall ob, da die Gültigkeit des Aktes von der Identität abhängt, deren Prüfung vorzunehmen und die Vornahme zu beurkunden. KG, K 8 412.

24) Vgl. Note 7 zu Art. 88, 2.

25) Daß er diese Nachfrage selbst vornimmt, ist nicht erforderlich. Entw. z. Nov. 08 S. 14.

26) Des im W angegebenen Ortes. Entw. S. 15.

eines Beteiligten vorgenommene Handlung ist auch dann gültig, wenn an Stelle des Ortes, in welchem das Geschäftslokal oder die Wohnung liegt, ein benachbarter Ort in dem Wechsel angegeben ist.[27]) Mit beiderseitigem Einverständnisse können auch in anderen Fällen die bei einem Beteiligten vorzunehmenden Handlungen an einem Orte erfolgen, der dem im Wechsel angegebenen Orte benachbart ist.

Welche Orte im Sinne dieser Vorschriften als benachbarte anzusehen sind, bestimmt der Bundesrat; die Bestimmung ist im Reichs-Gesetzblatte bekannt zu machen.[28])

Art. 92. Verfällt der Wechsel an einem Sonntag oder allgemeinen Feiertage,[29]) so ist der nächste Werktag der Zahlungstag. Auch die Herausgabe eines Wechsel-Duplikats, die Erklärung über die Annahme sowie jede andere Handlung können nur an einem Werktage gefordert werden. Fällt der Zeitpunkt, in welchem die Vornahme einer der vorstehenden Handlungen spätestens gefordert werden mußte, auf einen Sonntag oder allgemeinen Feiertag, so muß diese Handlung am nächsten Werktage gefordert werden. Dieselbe Bestimmung findet auch auf die Protesterhebung Anwendung.

Die Proteste sollen nur in der Zeit von 9 Uhr vormittags bis 6 Uhr abends erhoben werden.[30]) Außerhalb dieser Zeit soll die Protesterhebung nur erfolgen, wenn die Person, gegen welche protestiert wird, ausdrücklich einwilligt.

Art. 93. Bestehen an einem Wechselplatz allgemeine Zahltage (Kassiertage), so braucht die Zahlung eines zwischen den Zahltagen fällig gewordenen Wechsels erst am nächsten Zahltage geleistet zu werden, sofern nicht der Wechsel auf Sicht lautet. Die im Artikel 41

27) Die Erhebung eines Windprotestes ist in diesen Fällen zulässig, aber nicht mehr wie bisher erforderlich. Entw. z. Nov. 08 S. 15.

28) Vgl. hierzu die Bek. des Reichskanzlers v. 9. I. 09, RGBl 249.

29) Ein jüdischer Feiertag ist kein allgemeiner; auf die Person des Beteiligten kommt nichts an. OHG 2 409. Eine Zusammenstellung der allgem. Feiertage in den einzelnen Bundesstaaten befindet sich in Rehbeins WOrdnung 8. Aufl. S. 160, 161.

30) Die Vorschrift des Abs. 2 ist nur instruktioneller Natur; wird ohne Genehmigung des Protestaten außerhalb der Protestzeit ein Protest erhoben, so kann der Beamte zur Verantwortung gezogen werden, dagegen bleibt die Gültigkeit des Protestes unberührt. Entw. z. Nov. 08 S. 16.

für die Aufnahme des Protestes mangels Zahlung bestimmte Frist darf jedoch nicht überschritten werden.

XVIII. Mangelhafte Unterschriften.

Art. 94. Wechselerklärungen, welche statt des Namens mit Kreuzen oder anderen Zeichen vollzogen sind, haben nur dann, wenn diese Zeichen gerichtlich oder notariell beglaubigt worden, Wechselkraft.[31, 32])

Art. 95. Wer eine Wechselerklärung als Bevollmächtigter eines anderen unterzeichnet, ohne dazu Vollmacht zu haben, haftet persönlich in gleicher Weise, wie der angebliche Machtgeber gehaftet haben würde, wenn die Vollmacht erteilt gewesen wäre. Dasselbe gilt von Vormündern und anderen Vertretern, welche mit Überschreitung ihrer Befugnisse Wechselerklärungen ausstellen.[33, 34])

3. Abschnitt. Von eigenen Wechseln.

Art. 96. Die wesentlichen Erfordernisse eines eigenen (trockenen) Wechsels sind:

1) die in den Wechsel selbst aufzunehmende Bezeichnung als

---

31) Vgl. §§ 167, 183 des Reichs G über die Angel. der freiw. Gerichtsbarkeit v. 17. V. 98 und Artt. 60, 61 des preuß. G über die freiw. Gerichtsbarkeit v. 21. IX. 99.

32) Ansprüche aus Art. 95 sind, auch wenn sie nicht im WProzesse geltend gemacht werden, Feriensachen. RG **64** 164.

33) Wenn der wirklich Bevollmächtigte den Namen des Machtgebers ohne Hinzufügung seines Namens oder eines das Vollmachtsverhältnis andeutenden Zusatzes schreibt, so wird der Machtgeber verpflichtet; OHG. **5** 271; auch wenn ein Prokurist den Namen der Firma mit Beifügung eines das Prokuraverhältnis andeutenden Vermerkes (p. p). aber ohne Beifügung seines Namens schreibt, wird die Firma verpflichtet. OHG **18** 99.

34) Der Mangel in der Vertretungsbefugnis bei Zeichnung eines Indossaments kann durch nachträgliche Genehmigung gehoben werden, wie nach altem so nach neuem Recht. BGB §§ 177, 184. Diese Genehmigung verleiht dem Indossament rückwärts die verpflichtende Kraft; aus dem W selbst braucht sie sich nicht zu ergeben. RG, K **2** 158.

Beispiel eines eigenen W:

> Am 10. August 1910 zahle ich gegen diesen Wechsel an Herrn Paul Meyer in Berlin elfhundert Mark.
> Berlin, den 15. April 1910. Otto Schulze.

Wechsel oder, wenn der Wechsel in einer fremden Sprache ausgestellt ist, ein jener Bezeichnung entsprechender Ausdruck in der fremden Sprache;

2) die Angabe der zu zahlenden Geldsumme;

3) der Name der Person oder die Firma, an welche oder an deren Order der Aussteller Zahlung leisten will;[35, 36])

4) die Bestimmung der Zeit, zu welcher gezahlt werden soll (Art. 4 Nr. 4);

5) die Unterschrift des Ausstellers mit seinem Namen oder seiner Firma;

6) die Angabe des Ortes, Monatstags und Jahres der Ausstellung.[37])

Art. 97. Der Ort der Ausstellung gilt für den eigenen Wechsel, insofern nicht ein besonderer Zahlungsort angegeben ist, als Zahlungsort und zugleich als Wohnort des Ausstellers.[38—40])

Art. 98. Nachstehende, in diesem Gesetze für gezogene Wechsel gegebene Vorschriften gelten auch für eigene Wechsel:

1) die Artikel 5 und 7 über die Form des Wechsels;

2) die Artikel 9—17 über das Indossament;[41])

3) die Artikel 19 und 20 über die Präsentation der Wechsel auf eine Zeit nach Sicht mit der Maßgabe, daß die Präsentation dem Aussteller geschehen muß;[42, 43])

---

35) Eigene W an eigene Order sind ungültig und können auch nicht giriert werden. OHG 7 194; RG 47 156.

36) Ein von einer offenen Handelsgesellschaft unter ihrer Firma an Order einer mit anderer Firma unter denselben Gesellschaftern bestehenden offenen Handelsgesellschaft ausgestellter eigener W ist gültig. RG 47 156.

37) Ein eigener W mit mehreren Ausstellungsorten bzw. Zahlungsorten ist ungültig. OHG 21 179.

38) Daß der Ort der Ausstellung als Wohnort des Ausstellers gilt, hat für gezogene W keine Anwendung. OHG 3 6.

39) Die Regel betrifft die Wfähigkeit nicht; diese wird nach dem Rechte des Ortes beurteilt, an dem der Aussteller zur Zeit der WAusstellung seinen wirklichen Wohnsitz hatte. OHG 23 388.

40) Art. 97 disponiert nur für den Fall, daß ein besonderer Zahlungsort nicht angegeben ist, und schreibt für diesen Fall unbedingt vor, daß der Ausstellungsort sowohl als Zahlungsort als auch als Wohnort des Ausstellers gelten soll (also auch wenn der wirkliche Wohnort des Ausstellers in dem W angegeben ist, gilt der Ausstellungsort als Wohnort). RG 8 66 (71).

41) Siehe Anm. 75 bei Art. 16 (Nachindossament eines protestierten, verfallenen eigenen W).

4) der Artikel 29 über den Sicherheitsregreß mit der Maßgabe, daß derselbe im Falle der Unsicherheit des Ausstellers stattfindet;
5) die Artikel 30—40 über die Zahlung und die Befugnis[44]) zur Deposition des fälligen Wechselbetrages mit der Maßgabe, daß letztere durch den Aussteller geschehen kann;
6) die Artikel 41 und 42 sowie die Artikel 45—55 über den Regreß mangels Zahlung gegen die Indossanten;
7) die Artikel 62—65 über die Ehrenzahlung;
8) die Artikel 70—72 über die Kopien;[45])
9) die Artikel 73—76 über abhanden gekommene und falsche Wechsel mit der Maßgabe, daß im Falle des Artikel 73 die Zahlung durch den Aussteller erfolgen muß;
10) die Artikel 78 - 95[46]) über die allgemeinen Grundsätze der Wechselverjährung, die Verjährung der Regreßansprüche gegen die Indossanten, das Klagerecht des Wechselgläubigers, die ausländischen Wechselgesetze, den Protest, den Ort und die Zeit für die Präsentation und andere im Wechselverkehre vorkommende Handlungen sowie über mangelhafte Unterschriften.

Art. 99. Eigene domizilierte Wechsel sind dem Domiziliaten oder, wenn ein solcher nicht benannt ist, dem Aussteller selbst an demjenigen Orte, wohin der Wechsel domiziliert ist, zur Zahlung zu präsentieren und, wenn die Zahlung unterbleibt, dort zu protestieren.[47])

---

42) Siehe Anm. 92, 93 bei Art. 20. Ein eigener nach Sicht-W, welcher nicht zur Sicht präsentiert ist, wird durch Klageanstellung fällig. RG 8 66.

43) Der Protestbeamte könnte an den Aussteller das Begehren richten, eine datierte Sichtbescheinigung auf den W zu setzen, schlechthin wesentlich ist ein solches Begehren nicht, wesentlich bei dem Rechtsakt ist vielmehr die Präsentation als solche, die Tatsache der Sicht. RG 68 427.

44) Siehe wegen des Depositionsrechtes und der Zinszahlung Art. 40 Anm. 67, 68.

45) Die in der WO enthaltenen Bestimmungen über Duplikate gelten nicht für eigene W, ein eigener W kann nicht die rechtliche Bedeutung eines Duplikates haben. RG 9 113 (117).

Siehe Anm. 45 zu Art. 31 (Präsentation eines nach Sicht-W); Anm. 3 zu Art. 48 (Zahlung durch einen Mitaussteller).

46) Die auf Grund der Novelle 08 erfolgte Bekanntmachung hat den bisherigen Druckfehler (96) beseitigt.

Ein eigener Wechsel, dessen Zahlung am Wohnorte des Ausstellers durch eine andere Person erfolgen soll, ist dieser Person zur Zahlung zu präsentieren und, wenn die Zahlung unterbleibt, gegen sie zu protestieren.

Bei eigenen Wechseln bedarf es zur Erhaltung des Wechselrechts gegen den Aussteller weder der Präsentation am Zahlungstage noch der Erhebung eines Protestes.[48])

Art. **100.** Der wechselmäßige Anspruch gegen den Aussteller eines eigenen Wechsels verjährt in drei Jahren, vom Verfalltage des Wechsels an gerechnet.[49—52])

---

2. Scheckgesetz.

Vom 11. März 1908 (RGBl 71).

§ 1. Der Scheck muß enthalten:

1. die in den Text aufzunehmende Bezeichnung als Scheck oder, wenn der Scheck in einer fremden Sprache ausgestellt ist, einen jener Bezeichnung entsprechenden Ausdruck in der fremden Sprache;

---

47) Auch wenn der W nicht giriert und beim Remittenten (als Domiziliaten) domiziliert ist, muß zur Erhaltung des WAnspruches beim Remittenten Protest erhoben werden. OHG **13** 146.

48) Der zweite Absatz ist durch die Nov. 08 neu eingefügt. An seiner Stelle stand früher: Wird die rechtzeitige Protesterhebung beim Domiziliaten verabsäumt, so geht dadurch der wechselmäßige Anspruch gegen den Aussteller und die Indossanten verloren. — Der dritte Absatz lautete früher: Bei nicht domizilierten[54]) ... Wegen der vor dem 1. X. 08 ausgestellten W siehe Anm. 81 zu Art. 43.

49) Ist ein Domiziliat nicht benannt, gilt mithin der Aussteller als solcher, so bedarf es keines Protestes. OHG **5** 380. RG **28** 100.

50) Der Verfalltag wird nicht mit eingerechnet, siehe Art. 77.

51) Lautet der eigene W einfach nach Sicht und ist keine Präsentationszeit beigefügt, so beginnt die dreijährige Verjährungszeit nach Ablauf der nach Art. 31 Nr. 2 anzunehmenden zweijährigen Präsentationsfrist. OHG **11** 47. RG **3** 6. (Über W auf eine bestimmte Zeit nach Sicht siehe Art. 20 und Art. 98 Nr. 3.)

52) Ein verjährter eigener W ist kein Verpflichtungsschein des § 363 HGB, siehe oben Anm. 86 zu Art. 83.

2. die an den Bezogenen gerichtete Anweisung des Ausstellers, aus seinem Guthaben eine bestimmte Geldsumme zu zahlen;
3. die Unterschrift des Ausstellers;
4. die Angabe des Ortes und des Tages der Ausstellung.

§ 2. Als Bezogene sollen nur bezeichnet werden:

1. diejenigen Anstalten des öffentlichen Rechtes, diejenigen unter staatlicher Aufsicht stehenden Anstalten sowie diejenigen in das Genossenschaftsregister eingetragenen Genossenschaften, welche sich nach den für ihren Geschäftsbetrieb maßgebenden Bestimmungen mit der Annahme von Geld und der Leistung von Zahlungen für fremde Rechnung befassen, ferner die unter amtlicher Aufsicht stehenden Sparkassen, wenn sie die nach Landesrecht für sie geltenden Aufsichtsbestimmungen erfüllen;
2. die in das Handelsregister eingetragenen Firmen, welche gewerbsmäßig Bankiergeschäfte betreiben.

§ 3. Als Guthaben ist der Geldbetrag anzusehen, bis zu welchem der Bezogene nach dem zwischen ihm und dem Aussteller bestehenden Rechtsverhältnisse Schecks einzulösen verpflichtet ist.

§ 4. Als Zahlungsempfänger kann entweder eine bestimmte Person oder Firma oder der Inhaber des Schecks angegeben werden. Der Aussteller kann sich selbst als Zahlungsempfänger bezeichnen.

Sind dem Namen oder der Firma des Zahlungsempfängers die Worte „oder Überbringer" oder ein gleichbedeutender Zusatz beigefügt oder enthält der Scheck keine Angabe darüber, an wen zu zahlen ist, so gilt er als auf den Inhaber gestellt.

§ 5. Der bei dem Namen oder der Firma des Bezogenen angegebene Ort gilt als Zahlungsort. Die Angabe eines anderen Zahlungsorts gilt als nicht geschrieben. Ist bei dem Namen oder der Firma des Bezogenen ein Ort nicht angegeben, so gilt der Ausstellungsort als Zahlungsort.

§ 6. Ist die zu zahlende Geldsumme in Buchstaben und in Ziffern ausgedrückt, so gilt bei Abweichungen die in Buchstaben ausgedrückte Summe. Ist die Summe mehrmals mit Buchstaben oder mehrmals mit Ziffern geschrieben, so gilt bei Abweichungen die geringere Summe.

§ 7. Der Scheck ist bei Sicht zahlbar. Die Angabe einer anderen Zahlungszeit macht den Scheck nichtig.

§ 8. Der auf einen bestimmten Zahlungsempfänger gestellte

Scheck kann durch Indossament übertragen werden, wenn nicht der Aussteller die Übertragung durch die Worte „nicht an Order" oder durch einen gleichbedeutenden Zusatz untersagt hat.

In betreff der Form des Indossaments, in betreff der Legitimation des Besitzers eines indossierten Schecks und der Prüfung der Legitimation sowie in betreff der Verpflichtung des Besitzers zur Herausgabe finden die Art. 11—13, 36, 74 WO entsprechende Anwendung. Ein auf eine Abschrift des Schecks gesetztes Indossament ist jedoch unwirksam. Das Gleiche gilt von einem Indossamente des Bezogenen. Ein Indossament an den Bezogenen gilt als Quittung.

§ 9. Schecks, die auf einen bestimmten Zahlungsempfänger gestellt und im Auslande zahlbar sind, können in mehreren Ausfertigungen ausgestellt werden. Jede Ausfertigung muß im Texte mit der Bezeichnung „Erste, zweite, dritte usw. Ausfertigung" oder mit einer gleichbedeutenden Bezeichnung versehen werden; ist dies nicht geschehen, so gilt jede Ausfertigung als ein für sich bestehender Scheck.

Ist von mehreren Ausfertigungen eine bezahlt, so verlieren dadurch die anderen ihre Kraft. Jedoch bleiben aus den übrigen Ausfertigungen der Indossant, welcher mehrere Ausfertigungen an verschiedene Personen indossiert hat, und alle späteren Indossanten, deren Unterschriften sich auf den bei der Zahlung nicht zurückgegebenen Ausfertigungen befinden, auf Grund ihres Indossaments verpflichtet.

§ 10. Der Scheck kann nicht angenommen werden. Ein auf den Scheck gesetzter Annahmevermerk gilt als nicht geschrieben.

§ 11. Der im Inland ausgestellte und zahlbare Scheck ist binnen zehn Tagen nach der Ausstellung dem Bezogenen am Zahlungsorte zur Zahlung vorzulegen.

Für Schecks, die im Ausland ausgestellt, im Inlande zahlbar sind, bestimmt der Bundesrat die Vorlegungsfrist. Das Gleiche gilt für Schecks, die im Inland ausgestellt, im Auslande zahlbar sind, sofern das ausländische Recht keine Vorschrift über die Zeit der Vorlegung enthält.

Fällt der letzte Tag der Frist auf einen Sonntag oder einen am Zahlungsorte staatlich anerkannten allgemeinen Feiertag, so tritt an die Stelle des Sonntags oder des Feiertags der nächstfolgende Werktag.

§ 12. Die Einlieferung eines Schecks in eine Abrechnungsstelle,*) bei welcher der Bezogene vertreten ist, gilt als Vorlegung zur Zahlung am Zahlungsorte, sofern die Einlieferung den für den Geschäftsverkehr der Abrechnungsstelle maßgebenden Bestimmungen entspricht.

Der Bundesrat bestimmt, welche Stellen als Abrechnungsstellen im Sinne dieses Gesetzes zu gelten haben.

§ 13. Der Bezogene, der den Scheckbetrag bezahlt, kann die Aushändigung des quittierten Schecks verlangen.

Der Ablauf der Vorlegungsfrist ist auf das Recht des Bezogenen zur Zahlung ohne Einfluß.

Ein Widerruf des Schecks ist erst nach dem Ablaufe der Vorlegungsfrist wirksam.

§ 14. Der Aussteller sowie jeder Inhaber eines Schecks kann durch den quer über die Vorderseite gesetzten Vermerk: „Nur zur Verrechnung" verbieten, daß der Scheck bar bezahlt werde. Der Bezogene darf in diesem Falle den Scheck nur durch Verrechnung einlösen. Die Verrechnung gilt als Zahlung im Sinne dieses Gesetzes.

Das Verbot kann nicht zurückgenommen werden. Die Übertretung des Verbots macht den Bezogenen für den dadurch entstehenden Schaden verantwortlich.

§ 15. Der Aussteller und die Indossanten haften dem Inhaber für die Einlösung des Schecks.

Auch bei dem auf den Inhaber gestellten Scheck haftet jeder, der seinen Namen oder seine Firma auf die Rückseite des Schecks geschrieben hat, dem Inhaber für die Einlösung. Auf den Bezogenen findet diese Vorschrift keine Anwendung.

Hat ein Indossant dem Indossamente die Bemerkung „ohne Gewährleistung" oder einen gleichbedeutenden Vorbehalt hinzugefügt, so ist er von der Verbindlichkeit aus seinem Indossamente befreit.

§ 16. Zur Ausübung des Regreßrechts muß nachgewiesen

*) Abrechnungsstellen im Sinne des ScheckG sind lt. Bek. des Reichskanzlers die Abrechnungsstellen bei der Reichsbank in Berlin, Braunschweig, Bremen, Breslau, Chemnitz, Cöln a. Rh., Dortmund, Dresden, Düsseldorf, Elberfeld, Essen, Frankfurt a. M., Hamburg, Hannover, Karlsruhe i. B., Leipzig, Mannheim, München, Nürnberg, Stuttgart, die Bank des Berliner Kassenvereins zu Berlin und die Preuß. Zentralgenossenschaftskasse zu Berlin.

werden, daß der Scheck rechtzeitig zur Zahlung vorgelegt und nicht eingelöst oder daß die Vorlegung vergeblich versucht worden ist. Der Nachweis kann nur geführt werden:

1. durch eine auf den Scheck gesetzte, von dem Bezogenen unterschriebene und den Tag der Vorlegung enthaltende Erklärung;
2. durch eine Bescheinigung der Abrechnungsstelle, daß der Scheck vor dem Ablaufe der Vorlegungsfrist eingeliefert und nicht eingelöst worden ist;
3. durch einen Protest.

Auf die Vorlegung des Schecks und den Protest finden die Art. 87, 88, 90, 91 WO entsprechende Anwendung.

Enthält der Scheck die Aufforderung, keinen Protest zu erheben, so findet Art. 42 WO entsprechende Anwendung.

§ 17. Wegen der Benachrichtigung der Vormänner und ihres Einlösungsrechts sowie wegen des Umfanges der Regreßforderung und der Befugnis zur Ausstreichung von Indossamenten finden die Art. 45—48, 50—52 und Art. 55 WO mit der Maßgabe entsprechende Anwendung, daß der Inhaber des vergeblich zur Zahlung vorgelegten Schecks verpflichtet ist, seinen unmittelbaren Vormann innerhalb zweier Tage nach der Ausstellung der im § 16 Abs. 1 bezeichneten Erklärung, Bescheinigung oder Protesturkunde, spätestens aber innerhalb zweier Tage nach dem Ablaufe der Vorlegungsfrist, von der Nichtzahlung des Schecks zu benachrichtigen.

§ 18. Der Inhaber des Schecks kann sich wegen seiner ganzen Regreßforderung an alle Verpflichtete oder auch nur an einige oder einen halten, ohne dadurch seinen Anspruch gegen die nicht in Anspruch genommenen Verpflichteten zu verlieren. Es steht in seiner Wahl, welchen Verpflichteten er zuerst in Anspruch nehmen will.

Dem Inhaber des Schecks kann der Schuldner nur solche Einwendungen entgegensetzen, welche die Gültigkeit seiner Erklärung in dem Scheck betreffen oder sich aus dem Inhalte des Schecks ergeben oder ihm unmittelbar gegen den Inhaber zustehen.

§ 19. Der Regreßpflichtige ist nur gegen Auslieferung des Schecks, der zum Nachweise der rechtzeitigen Vorlegung und der Nichteinlösung oder des vergeblichen Versuchs der Vorlegung dienenden Urkunden und einer quittierten Rechnung Zahlung zu leisten verbunden.

§ 20. Die Regreßansprüche gegen den Aussteller und die

übrigen Vormänner verjähren, wenn der Scheck in Europa mit Ausnahme von Island und den Faröern zahlbar ist, in drei Monaten, andernfalls in sechs Monaten.

Die Verjährung beginnt gegen den Inhaber des Schecks mit dem Ablaufe der Vorlegungsfrist, gegen jeden Indossanten, wenn er, bevor eine Klage gegen ihn erhoben worden ist, gezahlt hat, mit der Zahlung, in allen übrigen Fällen mit der Erhebung der Klage.

§ 21. Der Aussteller, dessen Regreßverbindlichkeit durch Unterlassung rechtzeitiger Vorlegung oder durch Verjährung erloschen ist, bleibt dem Inhaber des Schecks so weit verpflichtet, als er sich mit dessen Schaden bereichern würde.

§ 22. In den Fällen des § 14 Abs. 2 und des § 21 verjährt der Anspruch in einem Jahre seit der Ausstellung des Schecks.

§ 23. Aus einem Scheck, auf dem die Unterschrift des Ausstellers oder eines Indossanten gefälscht ist, bleiben diejenigen, deren Unterschriften echt sind, verpflichtet.

§ 24. Auf die Anfechtung einer auf einen Scheck geleisteten Zahlung findet § 34 KO entsprechende Anwendung.

§ 25. Im Auslande zahlbare Schecks dürfen auch auf solche Bezogene lauten, auf die nach dem ausländischen Rechte ein Scheck gezogen werden darf.

§ 26. Die wesentlichen Erfordernisse eines im Ausland ausgestellten Schecks sowie jeder im Ausland auf einen Scheck gesetzten Erklärung werden nach den Gesetzen des Ortes beurteilt, an welchem die Ausstellung oder die Erklärung erfolgt ist.

Entspricht jedoch der im Ausland ausgestellte Scheck oder die im Ausland auf einen Scheck gesetzte Erklärung den Anforderungen des inländischen Gesetzes, so kann daraus, daß nach ausländischem Gesetz ein Mangel vorliegt, kein Einwand gegen die Rechtsverbindlichkeit der später im Inland auf den Scheck gesetzten Erklärungen entnommen werden. Auch ist die im Ausland erfolgte Ausstellung eines im Inlande zahlbaren Schecks sowie die auf einen solchen Scheck im Auslande gesetzte Erklärung wirksam, wenn sie auch nur den Anforderungen des inländischen Gesetzes entspricht.

§ 27. Abhanden gekommene oder vernichtete Schecks unterliegen der Kraftloserklärung im Wege des Aufgebotsverfahrens. Die Aufgebotsfrist muß mindestens zwei Monate betragen.

Nach Einleitung des Aufgebotsverfahrens kann der Berechtigte, falls der Scheck rechtzeitig zur Zahlung vorgelegt, von dem Bezogenen aber nicht eingelöst worden war, von dem Aussteller Zahlung fordern, wenn er bis zur Kraftloserklärung Sicherheit leistet.

§ 28. Bürgerliche Rechtsstreitigkeiten, in welchen durch die Klage ein Anspruch auf Grund dieses Gesetzes geltend gemacht wird, gehören, sofern in erster Instanz die Landgerichte zuständig sind, vor die Kammern für Handelssachen.

In bürgerlichen Rechtsstreitigkeiten, in welchen durch Klage oder Widerklage ein Anspruch auf Grund dieses Gesetzes geltend gemacht ist, wird die Verhandlung und Entscheidung letzter Instanz im Sinne des § 8 EGzGVG dem Reichsgerichte zugewiesen.

Auf die Geltendmachung von Regreßansprüchen aus einem Scheck finden die den Wechselprozeß betreffenden §§ 602—605 ZPO entsprechende Anwendung. Die Rechtsstreitigkeiten, in welchen ein solcher Anspruch geltend gemacht wird, gelten als Feriensachen.

§ 29. Im Sinne des § 24 des G, betr. die Wechselstempelsteuer, vom 10. VI. 69 (BGBl 193ff.) sind als Schecks, für welche die Befreiung von der Wechselstempelabgabe bestimmt ist, diejenigen Urkunden anzusehen, die den Anforderungen der §§ 1, 2, 7, 25, 26 des gegenwärtigen Gesetzes entsprechen.

Die Vorschrift des Abs. 1 findet keine Anwendung auf Schecks, welche vor dem auf ihnen angegebenen Ausstellungstag in Umlauf gesetzt sind. Für die Entrichtung der Abgabe haftet als Gesamtschuldner jeder, der am Umlaufe des Schecks im Sinne des § 5 des G, betr. die Wechselstempelsteuer, im Inlande vor dem Ausstellungstage teilgenommen hat.*)

§ 30. Dieses Gesetz tritt am 1. April 1908 in Kraft. Die Vorschriften finden auf früher ausgestellte Schecks keine Anwendung.

Mit dem Inkrafttreten des Gesetzes, betreffend die Erleichterung des Wechselprotestes, werden die im § 16 des gegenwärtigen Gesetzes angeführten Vorschriften durch die neuen Art. 87—88a, 89a, 90—91a, 92 Abs. 2 WO sowie durch die §§ 3, 4 des erstgenannten Gesetzes ersetzt.

---

*) Nach dem ReichsstempelG v. 15. VII. 09 (Tarif Nr. 10) unterliegen alle im Inland oder im Ausland auf das Inland ausgestellten Schecks — mit Ausnahme der im inländischen Postscheckverkehr ausgestellten und der dem WStempel unterliegenden Schecks — einer Stempelsteuer von je 0,10 Mk.

3. Postscheckordnung

vom 6. November 1908 (RGBl 587) mit den Änderungen der Bek. v. 22. X. 09 (RGBl 938) u. 20. III. 10 (RGBl 593).

I. Beitritt zum Post-Überweisungs- und Scheckverkehre.

§ 1. I. Zur Teilnahme am Post-Überweisungs- und Scheckverkehre wird jede Privatperson, Handelsfirma, öffentliche Behörde, juristische Person oder sonstige Vereinigung oder Anstalt auf ihren Antrag zugelassen. Der Antrag kann bei einem Postscheckamt oder einer Postanstalt gestellt werden.

II. Die Eröffnung eines Kontos erfolgt in der Regel bei dem Postscheckamt, in dessen Bezirke der Wohnsitz des Antragstellers liegt, auf Verlangen auch bei einem anderen Postscheckamt oder bei mehreren Postscheckämtern.

III. Auf jedes Konto muß eine Stammeinlage von 100 ℳ eingezahlt werden.

IV. Jedes Postscheckamt führt eine Liste der Kontoinhaber. Der Postverwaltung bleibt vorbehalten, die Liste in der ihr geeignet erscheinenden Weise zu veröffentlichen.

V. Die Höhe des Guthabens eines Kontos unterliegt keiner Beschränkung.

II. Einzahlungen.

§ 2. **Allgemeines.** Einzahlungen auf ein Postscheckkonto können bewirkt werden:

A. mittels Zahlkarte bei jeder Postanstalt und jedem Postscheckamte (§ 3),

B. durch Überweisung von Postanweisungen und von Beträgen, die durch Postauftrag oder Nachnahme eingezogen sind (§ 4),

C. mittels Überweisung von einem anderen Postscheckkonto (§ 5).

§ 3. **Einzahlungen mittels Zahlkarte.** I. Mittels Zahlkarte können auf ein Postscheckkonto Geldbeträge sowohl vom Kontoinhaber als auch von jeder anderen Person eingezahlt werden. Der Höchstbetrag einer Zahlkarte wird auf 10000 ℳ festgesetzt.

II. Zu Zahlkarten dürfen nur Formulare benutzt werden, die

von der Postverwaltung hergestellt sind. Die Formulare werden von den Postscheckämtern zum Preise von 25 ₰ für je 50 Stück an die Kontoinhaber verabfolgt. Einzelne Formulare werden am Schalter der Postanstalten an das Publikum unentgeltlich abgegeben.

III. Die Ausfüllung der Zahlkarte kann auch durch Druck, mit der Schreibmaschine usw. bewirkt werden; die handschriftliche Ausfüllung darf nur mit Tinte geschehen. Der Geldbetrag ist in der Reichswährung anzugeben. Die Marksumme muß in Zahlen und in Buchstaben ausgedrückt sein. Auch das mit der Zahlkarte verbundene Formular für den Einlieferungsschein ist vom Einzahler dem Vordruck entsprechend auszufüllen.

IV. Der Abschnitt der Zahlkarte kann zu Mitteilungen an den Kontoinhaber benutzt werden.

V. Nach Einzahlung des Betrags wird der Postvermerk auf dem Einlieferungsscheine vollzogen.

VI. Der eingezahlte Betrag wird auf dem in der Zahlkarte angegebenen Postscheckkonto gutgeschrieben. Das Postscheckamt übersendet nach der Gutschrift dem Kontoinhaber den Abschnitt der Zahlkarte.

VII. Kann die Gutschrift bei dem Postscheckamte nicht erfolgen, weil ein Konto unter der in der Zahlkarte angegebenen Bezeichnung nicht geführt wird oder der Kontoinhaber wegen unzureichender Adresse nicht sicher erkennbar ist, so ist eine Unbestellbarkeitsmeldung zu erlassen, damit der Absender die Angaben der Zahlkarte berichtige oder die Rücksendung des eingezahlten Betrags beantrage. Der eingezahlte Betrag ist an den Absender ohne Erlaß einer Unbestellbarkeitsmeldung zurückzuzahlen, wenn für den in der Zahlkarte bezeichneten Empfänger bei dem Postscheckamte zwar ein Konto bestanden hatte, dieses aber erloschen ist.

Für die Beförderung jeder Unbestellbarkeitsmeldung und der zu erteilenden Antwort hat der Absender 20 ₰ Porto an die Aufgabepostanstalt zu entrichten.

VIII. Den Landbriefträgern können auf ihren Bestellgängen Zahlkarten über Beträge bis 800 ℳ zur Ablieferung an die Postanstalt übergeben werden. Auf das Verfahren finden die Vorschriften der PostO. v. 20. III. 00 § 29 IV ff. entsprechende Anwendung. Für jede dem Landbriefträger auf seinem Bestellgang übergebene Zahlkarte ist eine Nebengebühr von 5 ₰ im voraus zu entrichten.

IX. Bei den Posthilfstellen können Zahlkarten über Beträge bis 800 ℳ unter den im § 29, VIII der PostO v. 20. III. 00 für Postanweisungen angegebenen Bedingungen zur Weitergabe an den Landbriefträger niedergelegt werden.

X. Der Absender kann eine eingelieferte Zahlkarte unter den in der PostO. § 33 angeführten Voraussetzungen zurücknehmen, solange die Gutschrift auf dem Konto des Empfängers noch nicht gebucht ist.

§ 4. **Überweisung von Postanweisungen und von Beträgen, die durch Postauftrag oder Nachnahme eingezogen sind.** I. 1. Jeder Kontoinhaber kann bei der Postanstalt, durch die er seine Postsendungen erhält, den Antrag stellen, daß die für ihn eingehenden Postanweisungen seinem Postscheckkonto gutgeschrieben werden.

II. Ist ein solcher Antrag gestellt, so überweist die Postanstalt den Betrag der für den Kontoinhaber eingegangenen Postanweisungen täglich mittels Zahlkarte an das Postscheckamt zur Gutschrift, während die Abschnitte der Postanweisungen dem Kontoinhaber übersandt werden.

III. 2. Die für einen Kontoinhaber einzuziehenden Postauftrags- und Nachnahmebeträge sind unmittelbar seinem Postscheckkonto zu überweisen, wenn am Fuße des Postauftragsformulars oder unmittelbar unter der Angabe des Nachnahmebetrags vermerkt worden ist: „Betrag an das Postscheckamt in H....... zur Gutschrift auf das Konto Nr...... des N........ in M........“.

IV. Soll der durch Postauftrag oder Nachnahme eingezogene Betrag an das Postscheckamt mittels Zahlkarte gesandt werden, so ist dies in dem Vermerk (Abs. III) durch den Zusatz „durch Zahlkarte“ auszudrücken; auch muß in diesem Falle der Absender dem Postauftrag oder der Nachnahme eine ausgefüllte Zahlkarte beifügen. Andernfalls wird der eingezogene Betrag an das Postscheckamt mittels Postanweisung nach Abzug der Postanweisungsgebühr gesandt.

Das Postscheckamt übersendet nach Gutschrift des Betrags dem Kontoinhaber den Abschnitt der Zahlkarte oder der Postanweisung.

§ 5. **Einzahlungen durch Überweisung von einem anderen Postscheckkonto.** Die für Kontoinhaber von anderen Kontoinhabern desselben oder eines anderen Postscheckamts angewiesenen Beträge werden dem Konto des Empfängers gutgeschrieben.

III. Rückzahlungen.

§ 6. **Allgemeines.** I. Der Kontoinhaber kann über sein Guthaben, soweit es die Stammeinlage von 100 ℳ übersteigt, in beliebigen Teilbeträgen jederzeit verfügen, und zwar:

A. durch Überweisung auf ein anderes Postscheckkonto,

B. mittels Schecks.

Zu Überweisungen und Schecks dürfen nur Formulare benutzt werden, die vom Postscheckamte bezogen worden sind.

II. Der Kontoinhaber ist verpflichtet, die Überweisungs- und Scheckformulare sorgfältig aufzubewahren; er trägt alle Nachteile, die aus dem Verlust oder sonstigen Abhandenkommen der Formulare entstehen, wenn er nicht das Postscheckamt von dem Abhandenkommen benachrichtigt hat, um die Überweisung oder Zahlung an einen Unberechtigten zu verhindern.

III. Die Unterschriften der Personen, die zur Ausstellung von Überweisungen und Schecks berechtigt sein sollen, müssen dem Postscheckamte vom Kontoinhaber mitgeteilt werden, damit die Echtheit der Unterschriften unter den beim Postscheckamt eingehenden Überweisungen und Schecks geprüft werden kann.

IV. Die dem Postscheckamte mitgeteilten Unterschriften haben so lange Geltung, bis der Kontoinhaber diesem Amte das Erlöschen der Vertretungsbefugnis schriftlich mitgeteilt hat.

V. Die Ausfüllung der Formulare zu Überweisungen und Schecks kann auch durch Druck, mit der Schreibmaschine usw. bewirkt werden. Die handschriftliche Ausfüllung darf nur mit Tinte geschehen. Der Geldbetrag ist in der Reichswährung anzugeben. Die Marksumme muß in Zahlen und in Buchstaben ausgedrückt sein.

§ 7. **Rückzahlungen durch Überweisung auf ein anderes Postscheckkonto.** I. Die Formulare zu Überweisungen von Beträgen auf ein anderes Konto bei demselben oder bei einem anderen Postscheckamte werden in Blattform (zur Versendung in Briefen) oder in Postkartenform (Giropostkarten, zur offenen Versendung) ausgegeben.

Die Formulare werden den Kontoinhabern vom Postscheckamt unentgeltlich geliefert.

II. Bei Benutzung der Blattform können die Überweisungen auf jeden beliebigen Betrag, der innerhalb des verfügbaren Guthabens gelegen ist, ausgestellt werden.

Der Höchstbetrag einer Giropostkarte wird auf 1000 ℳ festgesetzt.

Der Aussteller hat die Überweisung an das Postscheckamt zu senden, bei welchem sein Konto geführt wird.

III. Der an den Überweisungsformularen befindliche Abschnitt kann zu schriftlichen Mitteilungen benutzt werden. Er wird vom Postscheckamte dem Gutschriftsempfänger übersandt.

IV. Der Auftrag zur Überweisung von Beträgen auf andere Konten kann vom Kontoinhaber zurückgenommen werden, solange die Gutschrift auf dem Konto des Empfängers noch nicht gebucht ist.

§ 8. **Rückzahlungen mittels Schecks.** I. 1. Die Scheckformulare werden in Blattform oder in Kartenform ausgegeben. Die Formulare werden den Kontoinhabern vom Postscheckamt in Heften von 50 Stück zum Preise von 50 ₰ für das Heft geliefert.

II. *Der Höchstbetrag eines Schecks wird auf 10000 ℳ festgesetzt.

Von der am rechten Rande des Schecks befindlichen Zahlenreihe hat der Aussteller vor der Ausgabe des Schecks die Zahlen, die den Betrag des Schecks übersteigen, mit Tinte zu durchstreichen. Bei Schecks in Blattform können die Zahlen, die den Betrag des Schecks übersteigen, auch abgetrennt werden. Ist die Durchsteichung oder Abtrennung versehentlich unterblieben, so hängt es vom Ermessen des Postscheckamts ab, ob der Scheck einzulösen ist.

III. Der an dem Scheckformular in Kartenform befindliche Abschnitt kann zu schriftlichen Mitteilungen benutzt werden; er wird dem Zahlungsempfänger ausgehändigt.

IV. Der Scheck ist binnen zehn Tagen nach der Ausstellung bei dem Postscheckamte zur Einlösung vorzulegen. Wird ein Scheck nach Ablauf dieser Frist vorgelegt, so hängt es vom Ermessen des Postscheckamts ab, ob der Scheck einzulösen ist.

V. Schecks, die mit einem Indossamente versehen sind, werden nicht eingelöst.

VI. 2. Hat der im Scheck bezeichnete Zahlungsempfänger

selbst ein Konto bei demselben oder einem anderen Postscheckamte, so wird der Betrag dem Konto des Zahlungsempfängers gutgeschrieben, wenn nicht die Barzahlung ausdrücklich verlangt wird.

VII. Hat der im Scheck bezeichnete Zahlungsempfänger kein Postscheckkonto oder verlangt er ausdrückich die Barzahlung, so wird die Postanstalt vom Postscheckamte mittels Zahlungsanweisung beauftragt, den Betrag an den Empfänger zu zahlen.

VIII. Die Zahlungsanweisungen nebst den Geldbeträgen werden dem Empfänger, sofern keine Abholung im Sinne des § 42 PostO stattfindet, ins Haus bestellt:

a) im Ortsbestellbezirke bis einschließlich 3000 ℳ,
b) im Landbestellbezirke " " 800 "

Lautet die Zahlungsanweisung auf einen höheren Betrag, so wird nur die Zahlungsanweisung bestellt, während der Geldbetrag bei der Postanstalt auf Grund der Zahlungsanweisung abzuholen ist. Die Bestellgebühr für Zahlungsanweisungen nebst den Geldbeträgen beträgt

bis zum Betrage von 1500 ℳ 5 ₰,
im Betrage von mehr als 1500—3000 ℳ 10 ₰

für jede Zahlungsanweisung.

IX. Die in der PostO § 39 und §§ 41—45 hinsichtlich der Postanweisungen erlassenen Vorschriften über die Bestellung, die Aushändigung von postlagernden Postanweisungen, die Abholung, die Aushändigung der Geldbeträge nach Behändigung der Postanweisungen, die Nachsendung der Postanweisungen sowie die Behandlung unbestellbarer Postanweisnngen am Bestimmungsorte finden auf die Zahlungsanweisungen entsprechende Anwendung.

X. Sofern der Betrag eines Schecks 800 ℳ nicht übersteigt, kann das Geld an den Zahlungsempfänger mittels telegraphischer Zahlungsanweisung übermittelt werden. Der Antrag ist auf der Vorderseite des Schecks unterhalb der Angabe des Ortes und der Zeit der Ausstellung zu vermerken und vom Antragsteller zu unterschreiben. Auf die telegraphischen Zahlungsanweisungen findet die PostO § 21 entsprechende Anwendung. Ist der Antrag auf telegraphische Übermittelung vom Scheckaussteller gestellt, so wird der Betrag des Schecks dem Zahlungsempfänger unverkürzt überwiesen. Vom Konto des Scheckausstellers wird dieser Betrag unter Hinzurechnung der Telegrammgebühr und zutreffendenfalls des Eilbestellgeldes für die Bestellung an den Empfänger abgeschrieben. Ist dagegen der Antrag auf telegraphische Übermittelung vom Zahlungsempfänger gestellt, so wird die Telegrammgebühr vom Betrage des Schecks in Abzug gebracht.

XI. Wohnt der im Scheck bezeichnete Zahlungsempfänger im Auslande, so wird ihm, wenn er kein Postscheckkonto bei einem deutschen Postscheckamte hat, der Betrag mittels Postanweisung oder Wertbriefs übersandt. Vom Konto des Scheckausstellers wird der Betrag des Schecks unter Hinzurechnung des Frankos für die Postanweisung oder den Wertbrief abgeschrieben.

XII. 3. Ist im Scheck kein Zahlungsempfänger angegeben, so kann der Scheck vom Inhaber bei der Kasse des Postscheckamts, welches das Konto des Scheckausstellers führt, zur Einlösung vorgelegt werden. Hat der Inhaber eines solchen Schecks selbst ein Postscheckkonto, so kann er verlangen, daß der Betrag seinem Konto gutgeschrieben werde.

XIII. Der Inhaber eines Schecks, in dem kein Zahlungsempfänger angegeben ist, kann verlangen, daß ihm der Betrag des Schecks durch Vermittelung einer Postanstalt bar gezahlt werde. Die Übermittelung des Geldes erfolgt:

a) mittels Zahlungsanweisung, wenn der Empfänger im Inlande wohnt,
b) mittels Postanweisung oder Wertbriefs, wenn er im Auslande wohnt.

Im Falle zu b wird von dem Betrage des Schecks das Franko für die Postanweisung oder den Wertbrief abgezogen. Auf die Überweisung des Geldes mittels telegraphischer Zahlungsanweisung finden die Vorschriften unter X entsprechende Anwendung.

IV. Gebühren.

§ 9. I. Es werden folgende Gebühren erhoben:

1. bei Bareinzahlungen mittels Zahlkarte für je 500 ℳ oder einen Teil dieser Summe . . . . 5 ₰,
2. für jede Barrückzahlung durch die Kasse des Postscheckamts oder durch Vermittelung einer Postanstalt:
   a) eine feste Gebühr von . . . . 5 ₰,
   b) außerdem $^1/_{10}$ vom 1000 des auszuzahlenden Betrags (Steigerungsgebühr);

3. für jede Übertragung von einem Konto auf ein anderes Postscheckkonto . . . . 3 ₰.

Zur Zahlung der Gebühr unter 1 ist der Zahlungsempfänger, zur Zahlung der Gebühren unter 2 und 3 der Kontoinhaber verpflichtet, von dessen Konto die Abschreibung erfolgt.

4. Erheischt der Kontoverkehr eines Kontoinhabers jährlich mehr als 600 Buchungen, so wird außer den unter 1 bis 3 aufgeführten Gebühren für jede weitere Buchung eine Zuschlaggebühr von . . . . . . 7 ₰ erhoben.

II. Die Gebühren sowie die für Zahlkartenformulare und Scheckhefte zu zahlenden Preise werden durch Abschreibung von dem zur Zahlung verpflichteten Konto eingezogen.

III. Der Preis für unbrauchbar gewordene Zahlkarten- und Scheckformulare wird nicht erstattet.

V. Portofreiheit.

§ 10. Die Sendungen der Postscheckämter und der Postanstalten an die Kontoinhaber sowie die Sendungen zwischen den Postscheckämtern und zwischen diesen und den Postanstalten werden im Postscheckverkehr als Dienstsache portofrei befördert.

VI. Änderungen in den Verhältnissen eines Kontoinhabers.

§ 11. Änderungen in den rechtlichen Verhältnissen eines Kontoinhabers, die für sein Konto von Bedeutung sind, müssen dem zuständigen Postscheckamte mitgeteilt und durch Vorlegung öffentlicher Urkunden nachgewiesen werden. Unterbleibt diese Mitteilung, so hat die Postverwaltung den etwa aus der Unkenntnis der eingetretenen Änderungen entstehenden Schaden nicht zu vertreten.

VII. Austritt aus dem Scheckverkehre.

§ 12. I. Der Inhaber eines Kontos kann jederzeit aus dem Scheckverkehr ausscheiden.

II. Im Falle einer mißbräuchlichen Benutzung des Kontos seitens des Kontoinhabers ist auch das Postscheckamt befugt, das Konto aufzuheben.

VIII. Gewährleistung.

§ 13. I. Die Postverwaltung leistet für rechtzeitige Buchung der Einzahlungen auf den Konten und für rechtzeitige Ausführung der dem Postscheckamte mittels Überweisungen und Schecks erteilten Aufträge keine Gewähr.

II. Für die auf Zahlkarten eingezahlten Beträge haftet die Postverwaltung in der gleichen Weise wie für Postanweisungen.

IX. Änderung der Postscheckordnung.

§ 14. Werden die Vorschriften der Postscheckordnung geändert, so finden die neuen Vorschriften auch auf die bei ihrem Inkrafttreten bestehenden Postscheckkonten Anwendung.

---

4. Wechselstempelgesetz

vom 15. Juli 1909 (RGBl 825).

§ 1. Gezogene und eigene W unterliegen dem WStempel. Von der Stempelabgabe befreit bleiben:

1. die vom Ausland auf das Ausland gezogenen und die im Ausland ausgestellten eigenen W, wenn sie nur im Auslande zahlbar sind;

2. die vom Inland auf das Ausland gezogenen, nur im Ausland, und zwar auf Sicht oder spätestens innerhalb 10 Tagen nach dem Tage der Ausstellung zahlbaren W, sofern sie vom Aussteller unmittelbar in das Ausland versendet werden.

§ 2. Als W im Sinne dieses Gesetzes ist auch eine Schrift anzusehen, welche nicht die sämtlichen wesentlichen Erfordernisse eines W enthält, sofern sie einem anderen unter der Vereinbarung übergeben wird, daß dieser berechtigt sein soll, die fehlenden Erfordernisse zu ergänzen. Das Bestehen einer Vereinbarung der bezeichneten Art wird vermutet, wenn die Schrift die Bezeichnung als W enthält.

§ 3. Die Stempelabgabe beträgt:
von einer Summe

von	200 ℳ	und weniger			0,10 ℳ,
über	200 ℳ	bis	400 ℳ		0,20 ℳ
„	400 „	„	600 „		0,30 „
„	600 „	„	800 „		0,40 „
„	800 „	„	1000 „		0,50 „

6*

und von jedem ferneren 1000 ℳ der Summe $0_{,50}$ ℳ mehr, dergestalt, daß jedes angefangene Tausend für voll gerechnet wird.

Tritt die Verfallzeit eines auf einen bestimmten Zahlungstag oder auf Sicht gestellten W später als 3 Monate nach dem Ausstellungstag ein, so ist auf die Zeit bis zum Verfalltage für die nächsten 9 Monate und weiterhin für je fernere 6 Monate oder den angefangenen Teil dieses Zeitraums eine weitere Abgabe in der im Abs. 1 bezeichneten Höhe zu entrichten. Die weitere Abgabepflicht tritt bei W mit bestimmtem Zahlungstage nicht ein, wenn die dreimonatige Frist um nicht mehr als 5 Tage überschritten wird. Soweit nach ausländischem Rechte Respekttage stattfinden, werden sie der dreimonatigen Frist hinzugerechnet. Die vorstehend für SichtW getroffene Vorschrift findet auch auf W Anwendung, welche bestimmte Zeit nach Sicht zahlbar sind, mit der Maßgabe, daß der Zeitraum, für den die weitere Abgabe zu entrichten ist, bei trockenen derartigen W vom Ablaufe von 3 Monaten nach dem Ausstellungstage, bei gezogenen derartigen W vom Ablaufe von 3 Monaten nach der Annahme des W gerechnet wird. Ist der Tag der Annahme aus dem W nicht ersichtlich, so gilt in Ansehung der Stempelpflicht der 15. Tag nach dem Ausstellungstag als Tag der Annahme, sofern nicht nachgewiesen wird, daß die Annahme zu einem anderen Zeitpunkt erfolgt ist.

Fehlt in einer Schrift der im § 2 bezeichneten Art die Angabe der zu zahlenden Geldsumme, so ist die Stempelabgabe und die weitere Abgabe von einer Summe von 10000 ℳ zu entrichten; wird später eine andere als diese Summe eingesetzt, so hat die entsprechende Ausgleichung durch Nacherhebung oder Erstattung der Steuer zu erfolgen. Fehlt in der Schrift eine Bestimmung über die Zahlungszeit, so tritt die Verpflichtung zur Entrichtung der weiteren Abgabe mit dem Ablaufe von 3 Monaten nach dem Ausstellungstag ein. Fehlt die Angabe des Ausstellungstags, so gilt der Tag der Übergabe als Ausstellungstag.

§ 4. Die zum Zwecke der Berechnung der Abgabe vorzunehmende Umrechnung der in einer anderen als der Reichswährung ausgedrückten Summen erfolgt, soweit der Bundesrat nicht für gewisse Währungen allgemein zugrunde zu legende Mittelwerte festsetzt und bekanntmacht, nach Maßgabe des laufenden Kurses.

Ausführ.-Bestimm. (Bundesratsbeschluß v. 26. Juli 1909. Zentralblatt für das Deutsche Reich 402.)

Umrechnung fremder Währungen.

§ 2. Behufs Umrechnung der in einer anderen als der Reichswährung ausgedrückten Summen sind für die nachstehenden Währungen die dabei bemerkten Mittelwerte allgemein zugrunde zu legen:

1 Pfund Sterling	= 20,40 ℳ
1 Frank, Lira, Peseta (Gold), Lëu, finnische Mark . . .	= 0,80 „
1 österreichischer Gulden (Gold)	= 2,00 „
1 österr. Gulden (Währung) . .	= 1,70 „
1 österr.-ungarische Krone	= 0,85 „
1 Gulden holländ. Währung . . .	= 1,70 „
1 skandin. Krone	= 1,125 „
1 alter Goldrubel	= 3,20 „

1 Rubel 1 alter Kreditrubel	= 2,16 ℳ
1 türkischer Piaster	= 0,18 „
1 Peso (Gold) .	= 4,00 „
1 Dollar . . .	= 4,20 „
1 alter japanischer Goldyen	= 4,20 „
1 japan. Yen . .	= 2,10 „
1 deutsch-ostafrikanische oder indische Rupie	= 1,35 „
1 mexikanischer Golddollar . .	= 2,10 „

§ 5. Für die Entrichtung der Abgabe sind der Reichskasse sämtliche Personen, welche an dem Umlaufe des W im Inlande teilgenommen haben, als Gesamtschuldner verhaftet. Die Haftung für die weitere Abgabe (§ 3 Abs. 2) ist auf die Personen beschränkt, welche nach Eintritt der weiteren Abgabepflicht am Umlaufe des W teilgenommen haben.

§ 6. Als Teilnehmer an dem Umlauf eines W wird hinsichtlich der Steuerpflichtigkeit angesehen: der Aussteller, jeder Unterzeichner oder Mitunterzeichner eines Akzepts, eines Indossaments oder einer anderen WErklärung, und jeder, der für eigene oder fremde Rechnung den W erwirbt, veräußert, verpfändet oder als Sicherheit annimmt, zur Zahlung präsentiert, Zahlung darauf empfängt oder leistet, oder mangels Zahlung Protest erheben läßt, ohne Unterschied, ob der Name oder die Firma auf den W gesetzt wird oder nicht.

§ 7. Die Entrichtung der Stempelabgabe (§ 3 Abs. 1) muß erfolgen, ehe ein inländischer W von dem Aussteller, ein ausländischer W von dem ersten inländischen Inhaber (§ 6) aus den Händen gegeben wird.

Die Entrichtung der weiteren Abgabe (§ 3 Abs. 2) muß innerhalb der ersten 3 Tage des Zeitraums erfolgen, für den sie zu zahlen ist, und wenn sich der W zu dieser Zeit im Auslande befunden hat, innerhalb der ersten 3 Tage nach der Einbringung des W ins Inland. Die Entrichtung liegt dem Inhaber des W ob.

Ist der W von dem nach Abs. 1 Steuerpflichtigen bis zu dem im Abs. 2 bezeichneten Zeitpunkte nicht aus den Händen gegeben, so ist die Stempelabgabe gleichzeitig mit der weiteren Abgabe zu entrichten.

Es ist zulässig, die weitere Abgabe für einen längeren als den neunmonatigen oder sechsmonatigen Zeitraum sowie die gesamte auf die Zeit bis zum Verfalltag entfallende Stempelabgabe im voraus zu entrichten.

§ 8. Dem Aussteller eines inländischen W und dem 1. inländischen Inhaber eines ausländischen W ist vorbehaltlich der Vorschriften des § 7 Abs. 2, 3 gestattet, den mit einem inländischen Indossamente noch nicht versehenen W vor Entrichtung der Stempelabgabe lediglich zum Zwecke der Annahme zu versenden und zur Annahme zu präsentieren. Der Akzeptant eines unversteuerten W ist verpflichtet, vor der Rückgabe oder jeder anderweiten Aushändigung des W die Versteuerung desselben zu bewirken.

Wird jedoch ein nicht zum Umlauf im Inlande bestimmtes Exemplar eines in mehreren Exemplaren ausgefertigten W zur Einholung des Akzepts benutzt, so bleibt der Akzeptant von der Verpflichtung zur Versteuerung befreit, wenn die Rückseite des akzeptierten Exemplars vor der Rückgabe dergestalt durchkreuzt wird, daß dadurch die weitere Benutzung desselben zum Indossieren ausgeschlossen wird.

§ 9. Wird derselbe W in mehreren, im Kontext als Prima, Sekunda, Tertia usw. bezeichneten Exemplaren ausgefertigt, so ist unter diesen dasjenige zu versteuern, welches zum Umlaufe bestimmt ist.

§ 10. Außerdem unterliegt der Versteuerung jedes Exemplar, auf welches eine WErklärung — mit Ausnahme des Akzepts und der Notadressen — gesetzt ist, die nicht auf einem nach Vorschrift dieses Gesetzes versteuerten Exemplare sich befindet. Die Versteuerung muß erfolgen, ehe das betreffende Exemplar von dem Aussteller der die Stempelpflichtigkeit begründenden WErklärung, oder, wenn letztere im Ausland abgegeben ist, von dem ersten inländischen Inhaber aus den Händen gegeben wird.

Soll ein unversteuertes WDuplikat ohne Auslieferung eines versteuerten Exemplars desselben W bezahlt oder mangels Zahlung protestiert werden, so ist die Versteuerung desselben zu bewirken, ehe die Zahlung oder Protestaufnahme stattfindet.

Der Beweis des Vorhandenseins eines versteuerten WDuplikats oder des Einwandes, daß die auf ein unversteuertes Exemplar gesetzte WErklärung auf einem versteuerten Duplikat abgegeben sei, oder daß bei Bezahlung eines unversteuerten Duplikats auch ein versteuertes Exemplar ausgeliefert sei, liegt demjenigen ob, welcher wegen unterlassener Versteuerung eines WExemplars in Anspruch genommen wird.

§ 11. Die Bestimmungen im § 10 finden gleichmäßig auf WAbschriften Anwendung, welche mit einem Original-Indossament oder mit einer anderen urschriftlichen WErklärung versehen sind. Jede solche Abschrift wird hinsichtlich der Besteuerung einem Duplikate desselben W gleichgeachtet.

§ 12. Ist die in den §§ 7—11 vorgeschriebene Versteuerung eines W, eines WDuplikats oder einer WAbschrift unterlassen, so ist der nächste, und, solange die Versteuerung nicht bewirkt ist, auch jeder fernere inländische Inhaber verpflichtet, den W zu versteuern, ehe er denselben auf der Vorder- oder Rückseite unterzeichnet, veräußert, verpfändet, zur Zahlung präsentiert, Zahlung darauf empfängt oder leistet, eine Quittung darauf setzt, mangels Zahlung Protest erheben läßt oder den W aus den Händen gibt. Auf die von den Vordermännern verwirkten Strafen hat die Entrichtung der Abgabe durch einen späteren Inhaber keinen Einfluß.

Ist eine nach den Vorschriften dieses Gesetzes bestehende Stempelpflicht aus dem W selbst nicht zu ersehen, so besteht die im Abs. 1 bestehende Verpflichtung nur, wenn die Umstände, welche die Stempelpflicht überhaupt oder in einem höheren Umfange begründen, dem ferneren Inhaber bekannt oder infolge grober Fahrlässigkeit unbekannt sind.

§ 13. Ein zur Annahme versandtes WExemplar darf vom Verwahrer gegen Vorlegung eines nicht versteuerten Exemplars oder einer nicht versteuerten Abschrift desselben W unversteuert nur ausgeliefert werden, wenn dieses unversteuerte Exemplar oder diese unversteuerte Abschrift zuvor auf der Rückseite dergestalt durchkreuzt ist, daß dadurch die Benutzung zum Indossieren ausgeschlossen wird. Ist dies nicht der Fall, so haftet der Verwahrer, der das mit dem Annahmevermerke versehene Exemplar unversteuert ausliefert, für die Stempelabgabe und verfällt, wenn sie nicht rechtzeitig entrichtet wird, in die im § 18 bestimmte Strafe.

§ 14. Die Verpflichtung zur Entrichtung der Stempelabgabe wird erfüllt:

1. durch Ausstellung des W auf einem mit dem erforderlichen WStempel versehenen Vordruck, oder

2. durch Verwendung der erforderlichen WStempelmarke auf dem W, wenn hierbei die von dem Bundesrat erlassenen und bekanntgemachten Vorschriften über die Art und Weise der Verwendung beobachtet worden sind.

§ 15. Stempelmarken, welche nicht in der vorgeschriebenen Weise verwendet worden sind, werden als nicht verwendet angesehen.

Ausführ.-Bestimm. (Bundesratsbeschluß v. 26. Juli 1909.)

Art und Vertrieb der Stempelzeichen.

§ 3. Zum Zwecke der Entrichtung der Abgabe und der weiteren Abgabe werden Stempelmarken über $0{,}_{10}$; $0{,}_{20}$; $0{,}_{30}$; $0{,}_{40}$; $0{,}_{50}$; 1; $1{,}_{50}$; 2; 2_{50}; 3; $3{,}_{50}$; 4; $4{,}_{50}$; 5; 10; 15; 20; 25; 30; 50; 100*) und 500 ℳ, zur Entrichtung der Abgabe auch gestempelte WVordrucke über $0{,}_{10}$ ℳ ausgegeben. Die Verwendung aus solchen Vordrucken entfernter Stempelzeichen wird als eine Entrichtung der Abgabe oder der weiteren Abgabe nicht angesehen.

Die Marken haben die Form eines liegenden Rechtecks.

*) Bek. d. Rkzlrs. v. 4. VI. 10.

Im Betrage von $0{,}_{10}$—$0{,}_{50}$ ℳ sind sie in grüner, im Betrage von 1—5 ℳ in blauer Farbe hergestellt. In der linken oberen Ecke dieser Marken befindet sich ein Schild mit dem Reichsadler, von welchem sich nach rechts ein in zwei Enden auslaufendes Band mit der Inschrift „Deutscher Wechsel-Stempel" zieht. Die Marken im Betrage von 10—500 ℳ sind in grüner und roter Farbe hergestellt; sie sind mit dem Reichsadler und über dem letzteren sowie mehrfach am Rande mit der erwähnten Inschrift versehen. Außer der in schwarzer Farbe hergestellten Bezeichnung des Steuerbetrags und der entsprechenden Wechselsumme enthalten sämtliche Marken den Vordruck „den" zur Anbringung des Entwertungsvermerkes gleichfalls in schwarzer Farbe.

Die WVordrucke tragen einen mit Verzierungen umgebenen Stempel in grüner Farbe, welcher, abgesehen von dem fehlenden Vordruck für den Entwertungsvermerk, dem Muster der WStempelmarken entspricht.

§ 4. Der Vertrieb der WStempelmarken und gestempelten Vordrucke erfolgt durch die Postanstalten. WStempelmarken zum Werte von 10, 20 und 30 ₰ werden bei allen Postämtern und bei denjenigen sonstigen Poststellen, bei welchen sich ein Bedürfnis hierfür herausstellt, verkauft. Die Verkaufsstellen für WStempelmarken von höherem Werte und für gestempelte Vordrucke werden nach den örtlichen Verhältnissen bestimmt und zur öffentlichen Kenntnis gebracht.

Entwertung der Marken.

§ 5. Die Marken sind auf der Rückseite der Urkunde und zwar, wenn diese noch unbeschrieben und mit Wertzeichen noch nicht beklebt ist, unmittelbar an einem Rande dieser Seite, andernfalls unmittelbar unter dem letzten Vermerk (Indossament usw.) oder, sofern ein solcher nicht vorhanden ist, unmittelbar neben oder unter den bereits angebrachten Marken auf einer mit Buchstaben oder Ziffern nicht beschriebenen oder bedruckten Stelle aufzukleben.

Es ist gestattet, zur Entrichtung der Abgabe oder der weiteren Abgabe mehrere, zusammen den erforderlichen Betrag darstellende, WStempelmarken zu verwenden. Ferner ist es zulässig, bei Ausstellung des W auf einem gestempelten Vordrucke den an dem vollen gesetzlichen Betrage der Abgabe etwa noch fehlenden Teil durch vorschriftsmäßig auf der Rückseite zu verwendende Stempelmarken zu ergänzen.

Kommen zur Entrichtung der Abgabe oder der weiteren Abgabe mehrere Marken zur Verwendung, so sind sie an dem gewählten Rande zunächst nebeneinander aufzukleben; reicht der hierzu zur Verfügung stehende Raum nicht mehr aus, so sind die weiteren Marken unmittelbar unter den bereits angebrachten aufzukleben.

§ 6. In jeder einzelnen der aufgeklebten Marken muß Tag, Monat und Jahr der Verwendung der Marke auf dem W, und zwar der Tag und das Jahr mit arabischen Ziffern, der Monat mit Buchstaben mittels deutlicher Schriftzeichen ohne jede Auskratzung, Durchstreichung oder Überschreibung an der durch den Vordruck bezeichneten Stelle niedergeschrieben werden. Auch kann der Verwendungsvermerk auf der Marke ganz oder teilweise mittels der Schreibmaschine oder durch Stempelaufdruck hergestellt werden; in diesem Falle braucht der Vermerk nicht an der durch den Vordruck bezeichneten Stelle zu stehen.

Allgemein übliche und verständliche Abkürzungen der Monatsbezeichnung mit Buchstaben sowie die Weglassung der beiden ersten Zahlen der Jahresbezeichnung sind zulässig (z. B. 29. Oktbr. 09, 13. Sept. 13). Auch ist es gestattet, dem Verwendungsvermerke die Firma oder den Namen des Verwendenden ganz oder teilweise hinzuzufügen.

Bei Verwendung eines gestempelten Wechselvordrucks bedürfen nur die etwa aufgeklebten Ergänzungsmarken, nicht auch der eingedruckte Wertstempel der Entwertung.

§ 7. Das erste inländische Indossament, welches auf die Rückseite eines Wechsels gesetzt wird, oder der erste sonstige inländische Vermerk ist — abgesehen von dem Falle der Steuerentrichtung durch Verwendung eines den ganzen gesetzlich fälligen Betrag darstellenden WVordrucks — unterhalb der zur Entrichtung der Abgabe oder der weiteren Abgabe entwerteten WStempelmarke niederzuschreiben, widrigenfalls die letztere dem Niederschreiber dieses Indossaments oder Vermerkes und dessen Nachmännern gegenüber als nicht verwendet gilt. Es dürfen jedoch die Vermerke „ohne Protest", „ohne Kosten" neben der Marke niedergeschrieben werden.

Die Bestimmung des Abs. 1 Satz 1 findet keine Anwendung, wenn vom Ausland auf das Inland gezogene W, nachdem sie mit einer ordnungsmäßig verwendeten WStempelmarke im gesetzlichen Betrage versehen worden waren, im Auslande weiterbegeben und die ausländischen Indossamente nicht unterhalb der deutschen WStempelmarke niedergeschrieben worden sind.

Dem inländischen Inhaber, welcher aus Versehen sein Indossament auf den W gesetzt hat, bevor er eine Marke aufgeklebt hatte, ist gestattet, vor der Weitergabe des W unter Durchstreichung dieses Indossaments die erforderlichen Marken unter dem letzteren aufzukleben.

§ 8. Die Bestimmung des § 15, wonach nicht in der vorgeschriebenen Weise verwendete Stempelmarken als nicht verwendet anzusehen sind, soll nicht eine Doppelversteuerung zur Folge haben, sondern es soll dadurch nur der Tatbestand einer nach den §§ 18, 20 zu ahndenden Zuwiderhandlung festgestellt werden. Abgesehen von der etwa erforderlich werdenden Einleitung des Strafverfahrens bedarf es daher nur einer nachträglichen Entwertung der Stempelmarke durch Aufdruck des Amtsstempels der Steuerbehörde, falls der Wechsel vorliegt oder ohne weiteres zu erlangen ist. Dasselbe gilt für den Fall, daß die Marke an unrichtiger Stelle aufgeklebt ist. Die Beibringung neuer Stempelmarken ist nur dann zu fordern, wenn eine Entwertung überhaupt unterblieben und der W nicht ohne weiteres zu erlangen ist, oder wenn aus der unrichtigen Art der Entwertung der Stempelmarken, z. B. aus der unrichtigen Zeitangabe, die Möglichkeit sich ergibt, daß die Marken schon früher zu einem anderen W gebraucht worden sind. Doch steht es in jedem Falle der unrichtigen Entwertung einer Marke dem späteren Inhaber des W frei, um sich und seine Nachmänner vor den Folgen dieser Entwertung zu schützen, eine neue Marke vorschriftsmäßig zu verwenden.

§ 16. Der Anspruch auf Entrichtung des WStempels verjährt in 5 Jahren.

Die Verjährung beginnt mit dem Schlusse des Jahres, in welchem der W fällig geworden ist.

Die Verjährung wird unterbrochen durch jede von der zuständigen Behörde zur Geltendmachung des Anspruchs gegen den Zahlungspflichtigen gerichtete Handlung. Wird die Verjährung unterbrochen, so beginnt eine neue Verjährung nicht vor dem Schlusse des Jahres, in welchem die Unterbrechung stattgefunden hat.

Die Unterbrechung der Verjährung wirkt nur gegen denjenigen, gegen welchen die Unterbrechungshandlung gerichtet worden ist.

Ist auf Grund des § 18 gegen eine der dort bezeichneten Personen ein Strafverfahren wegen Hinterziehung eingeleitet, so verjährt der Anspruch auf Entrichtung des WStempels gegenüber dieser Person nicht früher als die Strafverfolgung.

§ 17. In Beziehung auf die Verpflichtung zur Entrichtung des WStempels ist der Rechtsweg zulässig. Die Vorschriften des § 94 RStempelG v. 15. VII. 09 finden Anwendung.

Ausführ.-Bestimm. (Bundesratsbeschluß v. 26. Juli 1909).

Abgabenerstattung.

§ 9. Die Klage wegen Zurückzahlung zu Unrecht entrichteten WStempels ist gegen den Fiskus des Bundesstaats zu richten, von dessen Steuerbehörde die Abgabe oder die weitere Abgabe beigetrieben oder gegenüber dessen Steuerbehörde der Vorbehalt bei der Zahlung erklärt worden ist. Zur Vertretung des Fiskus im Rechtsstreit ist, soweit landesgesetzlich nichts anderes bestimmt ist, die Steuerdirektivbehörde berufen.

§ 10. Die Erstattung der weiteren Abgabe auf Grund § 3 Abs. 3 erfolgt auf Antrag durch die für den Wohnort des Antragstellers zuständige Steuerbehörde. Dem Erstattungsantrag ist nur stattzugeben, wenn er innerhalb eines Jahres vom Zeitpunkte der Eintragung der Geldsumme ab gestellt worden ist.

Über Anträge auf Erstattung zu Unrecht entrichteten WStempels im Verwaltungsweg entscheidet die Steuerdirektivbehörde. Dem Erstattungsantrag ist nur stattzugeben, wenn er innerhalb eines Jahres vom Zeitpunkte der Stempelverwendung oder der Zahlung oder Beitreibung der Abgabe oder der weiteren Abgabe ab gestellt worden ist.

§ 11. Den Bundesregierungen werden die auf Grund § 3 Abs. 3 erfolgten Herauszahlungen sowie die Herauszahlungen für zu Unrecht entrichteten WStempel aus der Reichskasse erstattet.

§ 12. Für verdorbene Stempelmarken oder Vordrucke und für Marken, mit welchen demnächst verdorbene Schriftstücke versehen sind, kann Erstattung beansprucht werden, wenn der Schaden mindestens eine Mark beträgt und wenn von den Stempelzeichen oder den Schriftstücken, zu welchen sie verwendet sind, noch kein oder doch kein solcher Gebrauch gemacht worden ist, demgegenüber durch die Erstattung das Steuerinteresse gefährdet erscheint. Es genügt, wenn der Wert der gleichzeitig zur Erstattung vorgelegten Stempelzeichen zusammen eine Mark beträgt, und es kommt nicht darauf an, ob die Beschädigung der einzelnen Stempelzeichen durch ein und dasselbe Ereignis veranlaßt oder auf verschiedene, voneinander unabhängige Versehen oder Zufälle zurückzuführen ist.

§ 13. Der Erstattungsanspruch ist bei der Postanstalt des Bezirkes innerhalb eines Monats, nachdem der Schaden dem Berechtigten bekannt geworden ist, unter Beifügung der verdorbenen Stempelzeichen und Schriftstücke anzumelden. Über die Anträge entscheidet, falls sie einem Postamt erster oder zweiter Klasse unterbreitet sind, der Postamtsvorsteher. In zweifelhaften Fällen sowie allgemein seitens der übrigen Postanstalten ist die Entscheidung der der Postanstalt vorgesetzten Behörde (im RPGebiet und in Bayern der OPDirektionen, in Württemberg der Generaldirektion der Posten und Telegraphen) einzuholen. Die Frist zur Geltendmachung des Erstattungsanspruchs ist auch dann als gewahrt anzusehen, wenn die Erstattung bei einer nicht zuständigen Postanstalt oder einer Steuerstelle beantragt worden ist. Die Amtsstellen haben in diesem Falle den Antrag der zuständigen Behörde (Abs. 1 Satz 1) zur Entscheidung vorzulegen.

§ 14. Eine bare Zurückzahlung der entrichteten Abgabe findet in den Fällen des § 12 nicht statt; die Erstattung erfolgt vielmehr im Wege des Umtausches, und zwar werden in der Regel für verdorbene Vordrucke Vordrucke, für verdorbene Marken Marken abgabefrei verabfolgt. Den Wünschen des Antragstellers hinsichtlich des Betrags der einzelnen Stücke ist tunlichst Rechnung zu tragen. Die verdorbenen Stempelzeichen sind in Gegenwart von zwei Beamten zu vernichten.

§ 18. Die Nichterfüllung der Verpflichtung zur Entrichtung der Stempelabgabe wird mit einer Geldstrafe bestraft, welche dem fünfzigfachen Betrage der hinterzogenen Abgabe gleichkommt.

Diese Strafe ist besonders und ganz zu entrichten von jedem, welcher der nach den §§ 5—13 ihm obliegenden Verpflichtung zur Entrichtung der Stempelabgabe nicht rechtzeitig genügt hat, ingleichen von inländischen Maklern und Unterhändlern, welche wissentlich unversteuerte W verhandelt haben.

Kann der Betrag der hinterzogenen Abgabe nicht festgestellt werden, so tritt statt der vorstehend bestimmten Strafe eine Geldstrafe von 25 bis zu 10000 ℳ ein.

§ 19. Der Akzeptant eines gezogenen und der Aussteller eines trockenen W können daraus, daß der W zur Zeit der Annahmeerklärung beziehungsweise der Aushändigung mangelhaft gewesen sei, keinen Einwand gegen die gesetzlichen Folgen der Nichtversteuerung desselben entnehmen.

§ 20. Ergibt sich in den Fällen der §§ 18, 19 aus den Umständen, daß eine Hinterziehung der Stempelabgabe nicht hat verübt werden können oder nicht beabsichtigt worden ist, so tritt eine Ordnungsstrafe bis zu 150 ℳ ein.

§ 21. Die auf Grund dieses Gesetzes zu verhängenden Strafen sind bei offenen Handelsgesellschaften, Kommanditgesellschaften und Kommanditgesellschaften auf Aktien gegen die zur Vertretung der Gesellschaft berechtigten Gesellschafter, bei Gesellschaften mit beschränkter Haftung gegen die Geschäftsführer, bei Genossenschaften, Aktiengesellschaften und sonstigen rechtsfähigen Vereinen gegen die Vorstandsmitglieder nur im einmaligen Betrage, jedoch unter Haftbarkeit jedes einzelnen als Gesamtschuldner festzusetzen. Ebenso ist in anderen Fällen zu verfahren, in denen mehrere Personen gemeinschaftlich oder als Vertreter desselben Teilnehmers am Umlaufe des W beteiligt sind.

Die Vorschrift des Abs. 1 Satz 1 findet entsprechende Anwendung im Verhältnisse des Vollmachtgebers zu dem Bevollmächtigten, welcher innerhalb der ihm zustehenden Vertretungsmacht im Namen des Vollmachtgebers eine der in den §§ 7—13 bezeichneten Handlungen vornimmt, bevor der Verpflichtung zur Entrichtung des Stempels genügt ist.

§ 22. Die Umwandlung einer nicht beizutreibenden Geldstrafe in eine Freiheitsstrafe findet nicht statt. Auch ist, wenn der Verurteilte ein Deutscher ist, die Zwangsversteigerung eines Grundstücks ohne seine Zustimmung nicht zulässig.

§ 23. Die Strafverfolgung von Hinterziehungen des W-Stempels (§ 18) verjährt in 5 Jahren, von anderen Zuwiderhandlungen (§ 20) in 1 Jahre.

Die Verjährung beginnt mit dem Schlusse des Jahres, in welchem der W fällig geworden ist.

Wird die Verjährung unterbrochen, so beginnt eine neue Verjährung nicht vor dem Schlusse des Jahres, in welchem die Unterbrechung stattgefunden hat.

§ 24. Hinsichtlich des Verwaltungsstrafverfahrens, der Strafmilderung und des Erlasses der Strafe im Gnadenwege sowie hinsichtlich der Strafvollstreckung kommen die Vorschriften zur Anwendung, nach welchen sich das Verfahren wegen Vergehen gegen die Zollgesetze — in den von der gemeinschaftlichen Zollgrenze ausgeschlossenen Bezirken aber das Verfahren wegen Vergehen gegen die Stempelgesetze — bestimmt.

Die in den §§ 18, 20 vorgeschriebenen Geldstrafen fallen dem Fiskus desjenigen Staates zu, von dessen Behörden die Strafentscheidung erlassen ist.

§ 25. Die in den einzelnen Bundesstaaten mit der Beaufsichtigung des Stempelwesens beauftragten Behörden und Beamten haben die ihnen obliegenden Verpflichtungen mit gleichen Befugnissen, wie sie ihnen hinsichtlich der nach den Landesgesetzen zu entrichtenden Stempelabgaben zustehen, auch hinsichtlich des W-Stempels wahrzunehmen.

§ 26. Außer den Steuerbehörden haben alle diejenigen Staats- oder Kommunalbehörden und Beamten, denen eine richterliche oder Polizeigewalt anvertraut ist, sowie die Notare, die Postbeamten und andere Beamte, welche WProteste ausfertigen, die Verpflichtung, die Besteuerung der bei ihnen vorkommenden W und Anweisungen von Amts wegen zu prüfen und die zu ihrer Kenntnis kommenden Zuwiderhandlungen gegen dieses Gesetz bei der nach § 24 zuständigen Behörde zur Anzeige zu bringen.

Auf der nach der WO zurückzubehaltenden Abschrift des Protestes ist ausdrücklich zu bemerken, mit welchem WStempel die protestierte Urkunde versehen oder daß sie mit einem WStempel nicht versehen ist.

§ 27. Die Vorschriften dieses Gesetzes finden entsprechende Anwendung:

1. auf Verpflichtungsscheine über die Zahlung von Geld, sofern sie durch Indossament übertragen werden können,

2. auf Anweisungen über die Zahlung von Geld, sofern sie durch Indossament übertragen werden können oder auf den In-

haber lauten oder sofern die Zahlung an jeden Inhaber bewirkt werden kann.

Es macht keinen Unterschied, ob die im Abs. 1 bezeichneten Urkunden in Form von Briefen oder in anderer Form ausgestellt werden.

Befreit von der Stempelabgabe sind Schecks mit der im § 29 Abs. 2 des ScheckG vorgesehenen Ausnahme sowie die statt der Barzahlung dienenden auf Sicht zahlbaren Platzanweisungen, die nicht Schecks sind. Eine auf die Urkunde gesetzte Annahmeerklärung macht den Scheck oder die Platzanweisung steuerpflichtig, sofern der Annahmeerklärung rechtliche Wirkung zukommt. Die Versteuerung muß erfolgen, ehe der Akzeptant den Scheck oder die Platzanweisung aus den Händen gibt.

In welchen Fällen Anweisungen, die an einem Nachbarorte des Ausstellungsorts zahlbar sind, den Platzanweisungen gleichzuachten sind, bestimmt der Bundesrat nach Maßgabe der örtlichen Verhältnisse.

Ausführ.-Bestimm. (Bundesratsbeschluß v. 26. Juli 1909).

Steuerfreiheit der Platzanweisungen.

§ 15. Als ein Platz im Sinne des § 27 Abs. 3, 4 gelten: 1. diejenigen Orte, die nach Bestimmung des Bundesrats als benachbart im Sinne des Art. 91a Abs. 1 der WO sowie des § 16 Abs. 2 und des § 30 Abs. 2 des ScheckG anzusehen sind,*) 2. außerdem folgende Nachbarorte: Berlin und die im Postverkehr als dessen Nachbarorte geltenden Ortschaften, auch soweit sie nicht zu den in Ziffer 1 bezeichneten Orten gehören; Holzminden, Altendorf, Allersheim; Mannheim, Ludwigshafen, Rheinau; Wolfenbüttel, Thiede, Wittmar, Hedwigsburg.

§ 28. Urkunden, welche nach diesem Gesetze stempelpflichtig sind oder auf welche die in diesem Gesetze vorgesehenen Stempelbefreiungen Anwendung finden, sind in den einzelnen Bundesstaaten keiner Abgabe unterworfen.

Auch von den auf derartige Urkunden gesetzten Übertragungsvermerken, Quittungen und sonstigen auf die Leistungen aus diesen Papieren bezüglichen Vermerken dürfen landesgesetzliche Abgaben nicht erhoben werden. Auf Proteste findet diese Vorschrift keine Anwendung.

---

*) S. Bek. v. 9. I. 09 (RGBl. 249). Berlin „benachbart" sind: Charlottenburg, Deutsch-Wilmersdorf, Lichtenberg (Stadt), Rixdorf, Schöneberg, Landgemeinden Boxhagen-Rummelsburg, Friedenau, Grunewald, Pankow, Reinickendorf, Schmargendorf, Hohen- und Nieder-Schönhausen, Steglitz, Stralau, Treptow, Weißensee, Gutsbezirk Plötzensee.

§ 29. Der Ertrag des WStempels fließt in die Reichskasse. Jedem Bundesstaate wird von der jährlichen Einnahme, welche in seinem Gebiet aus dem Verkaufe von Stempelmarken oder gestempelten Vordrucken erzielt wird, der Betrag von zwei vom Hundert aus der Reichskasse gewährt.

§ 30. Die zur Ausführung dieses Gesetzes nötigen Bestimmungen werden vom Bundesrate getroffen.

Der Bundesrat erläßt insbesondere die Anordnungen wegen der Anfertigung und des Vertriebs der nach Maßgabe dieses Gesetzes zu verwendenden Stempelmarken und gestempelten Vordrucke sowie die Vorschriften über die Art der Verwendung der Marken. Er stellt die Bedingungen fest, unter welchen für verdorbene Marken und Vordrucke Erstattung zulässig ist.

§ 31. Dieses Gesetz tritt mit dem 1. VIII. 09 in Kraft.

Auf die vor dem 1. IV. 09 ausgestellten inländischen oder von dem ersten inländischen Inhaber aus den Händen gegebenen ausländischen W findet § 16 mit der Maßgabe Anwendung, daß die Verjährungsfrist von dem Tage des Inkrafttretens des G v. 4. III. 09 an gerechnet wird, falls die W vor diesem Zeitpunkte fällig waren.

In diesem Gesetze für stempelpflichtig erklärte inländische Urkunden und Schriften, welche vor dem im Abs. 1 bezeichneten Zeitpunkt ausgestellt oder unter der im § 2 bezeichneten Vereinbarung übergeben worden sind, sowie ausländische derartige Urkunden und Schriften, die vor jenem Zeitpunkt ins Inland eingebracht worden sind, unterliegen der weiteren Abgabe (§ 3 Abs. 2), sofern sie zu jenem Zeitpunkte noch nicht zahlbar waren. Die Verpflichtung zur Entrichtung der weiteren Abgabe tritt mit dem angegebenen Zeitpunkt ein, sofern nicht nach den sonstigen Vorschriften dieses Gesetzes ein späterer Zeitpunkt maßgebend ist. Mit der weiteren Abgabe ist gleichzeitig die im § 3 Abs. 1 angeordnete Stempelabgabe zu entrichten, sofern ihre Entrichtung nicht bereits erfolgt ist.

Für das Gebiet der Insel Helgoland wird der Zeitpunkt des Inkrafttretens durch Kais. Verordnung unter Zustimmung des Bundesrats festgesetzt.

Sachregister.

Zahlen ohne Zusatz weisen auf die Artikel der Wechselordnung, die fetten Ziffern **2**, **3**, **4** auf das Scheckgesetz, die Postscheckordnung und das Wechselstempelgesetz hin.

A = Anm.

B.

C. s. K. u. Z.

D.

E.

F.

S.

T.

U.

V.

W.

Lippert & Co. (G. Pätz'sche Buchdruckerei) G. m. b. H., Naumburg a. S.

Lippert & Co. (G. Pätz'sche Buchdr.) G. m. b. H., Naumburg a. S.

FSC
www.fsc.org
MIX
Papier | Fördert gute Waldnutzung
FSC® C083411

Kolibri 360 GmbH
Ferdinand-Jühlke-Straße 7
99095 Erfurt, Deutschland
produktsicherheit@kolibri360.de